权威·前沿·原创

皮书系列为
"十二五""十三五""十四五"时期国家重点出版物出版专项规划项目

BLUE BOOK

智库成果出版与传播平台

驾培行业蓝皮书

BLUE BOOK OF CHINA'S DRIVER TRAINING INDUSTRY

中国驾培行业发展报告（2023）

ANNUAL REPORT ON CHINA'S DRIVER TRAINING INDUSTRY (2023)

组织编写 / 中国交通运输协会
参与编写 / 中国交通运输协会驾驶培训分会
　　　　　木仓科技智慧驾培和道路交通安全研究院

社会科学文献出版社
SOCIAL SCIENCES ACADEMIC PRESS (CHINA)

图书在版编目(CIP)数据

中国驾培行业发展报告.2023/中国交通运输协会组织编写.--北京：社会科学文献出版社，2023.5
（驾培行业蓝皮书）
ISBN 978-7-5228-1776-7

Ⅰ.①中… Ⅱ.①中… Ⅲ.①汽车驾驶员-培训-研究报告-中国-2023 Ⅳ.①U471.3

中国国家版本馆CIP数据核字（2023）第076105号

驾培行业蓝皮书
中国驾培行业发展报告（2023）

组织编写／中国交通运输协会

出 版 人／王利民
责任编辑／陈凤玲　田　康　李真巧
责任印制／王京美

出　　　版／社会科学文献出版社·经济与管理分社(010)59367226
　　　　　　地址：北京市北三环中路甲29号院华龙大厦　邮编：100029
　　　　　　网址：www.ssap.com.cn

发　　　行／社会科学文献出版社（010）59367028
印　　　装／天津千鹤文化传播有限公司

规　　　格／开本：787mm×1092mm　1/16
　　　　　　印张：14.75　字数：220千字

版　　　次／2023年5月第1版　2023年5月第1次印刷
书　　　号／ISBN 978-7-5228-1776-7
定　　　价／168.00元

读者服务电话：4008918866

版权所有 翻印必究

《中国驾培行业发展报告（2023）》编撰单位

组织编写单位　中国交通运输协会

主要参编单位　中国交通运输协会驾驶培训分会
　　　　　　　　木仓科技智慧驾培和道路交通安全研究院

其他参编单位　交通运输部科学研究院
　　　　　　　　中国交通通信信息中心
　　　　　　　　中国交建智能交通研发中心
　　　　　　　　北京市交通委员会驾驶员培训管理处
　　　　　　　　安徽省道路运输管理服务中心车辆工作部
　　　　　　　　甘肃省道路运输事业发展中心
　　　　　　　　河南省运输事业发展中心车辆技术与驾培处
　　　　　　　　山东省日照市道路运输服务中心
　　　　　　　　山东省临沂市道路运输服务中心
　　　　　　　　河南省机动车驾驶员培训行业协会
　　　　　　　　四川省道路运输协会驾驶培训考试分会
　　　　　　　　北京市机动车驾驶人培训行业协会
　　　　　　　　广东省韶关市道路运输行业协会
　　　　　　　　江西省南昌市机动车驾驶员培训行业协会

云南省昭通市机动车驾驶培训行业协会
北京海淀驾校
江西南昌白云驾校
河北燕赵驾校
四川长征驾校
贵阳中铁二局驾校
广东驾来也科技有限公司
国任财产保险股份有限公司

《中国驾培行业发展报告（2023）》编写委员会

主 任 委 员 胡亚东 中国交通运输协会会长，铁道部党组原成员、铁道部原副部长

副主任委员 李　刚 中国交通运输协会副会长兼秘书长，交通运输部政策研究室原主任，交通运输部原道路运输司司长

　　　　　　 李　华 中国交通运输协会副会长兼驾驶培训分会会长，交通运输部公路局原局长

委　　　员 李志强 中国交通运输协会驾驶培训分会专家委员会主任，交通运输部安全监督管理司原司长

　　　　　　 张　伟 北京市交通委员会驾驶员培训管理处处长

　　　　　　 肖　虎 河南省交通运输厅运输中心车辆技术与驾培处副处长

　　　　　　 张燕晨 中国交通运输协会驾驶培训分会常务副会长，北京海淀驾校校长

　　　　　　 张柱庭 中国交通运输协会驾驶培训分会专家委员会成员，交通运输部管理干部学院发展研

究中心主任、教授

柳　实　中国交通运输协会驾驶培训分会专家委员会成员，北京警察学院教授

姜占峰　中国交通运输协会驾驶培训分会专家委员会成员，人民交通出版社股份有限公司信息技术总监

牛文江　中国交通通信信息中心国交信息股份有限公司总经理

安钟岩　中国交通运输协会驾驶培训分会副会长，北京市机动车驾驶人培训行业协会会长，北京丰顺驾校董事长

李　茜　中国交通运输协会驾驶培训分会副会长，河南省机动车驾驶员培训行业协会会长，驰诚（河南）驾培集团股份有限公司总经理

编 写 组

主　　编　刘治国　梁江华

副 主 编　熊燕舞　王　坤　冯晓乐

成　　员　孟兴凯　孟　虎　刘　畅　江　繁　陈　成
　　　　　　田汝鹏　袁建忠　王　力　刘俊利　安道利
　　　　　　陈　燕　邢海燕　董　强　顾　皓　徐小灵
　　　　　　丁　林　邬　伟　王德刚　高　峰　冷若冰
　　　　　　周永川　魏　鹏　李增剑　李　政　颜　妍
　　　　　　徐学博　张雅君

主要编撰者简介

刘治国 中国交通运输协会驾驶培训分会秘书长，中国人民大学高级工商管理硕士。长期从事驾培相关领域研究，发表文章百余篇，在各地运管部门、驾培机构、道路运输协会及行业论坛举办专场讲座多次，出版《驾校教练员教学与服务指南》（主编）、《品牌"智"胜——新时期驾校如何立于不败之地》（专著）。

梁江华 毕业于哈尔滨工业大学，获计算机技术专业学士学位，拥有17年管理经验。现任木仓科技高级副总裁，驾考宝典驾校事业部总经理、驾校业务工作和日常管理核心负责人。

熊燕舞 中国交通运输协会驾驶培训分会副秘书长、交通运输部科学研究院高级工程师、交通运输科技传媒有限公司首席研究员。长期从事道路运输业相关领域研究，发表交通运输方面文章千余篇，参编著作多部。

王 坤 毕业于南开大学，拥有14年金融领域从业经验，现任木仓科技高级副总裁、财务总监、董事会秘书，负责公司财务、法务、市场公关等工作。

冯晓乐 中国交通运输协会驾驶培训分会专家委员会执行主任，研究驾校运营管理多年，擅长驾校规范化管理、教练员管理和教学管理。出版《驾校教练员教学与服务指南》（主编）、《争做中国好教练——驾校教练员的自我修养》。

摘　要

《中国驾培行业发展报告（2023）》共分为：总报告、行业管理篇、市场发展篇和运营管理篇四大部分，分别对行业发展现状、问题与趋势，行业管理政策调整与创新典型经验，驾培市场创新发展的方向方法和运营管理的新气象、新局面和新问题做出了分析和研究。

报告认为，2022年面对疫情冲击，全国驾培行业在艰难中前行、在逆境中奋发。2023年，驾培行业依然存在不少挑战与机遇。同时，在向高质量发展的进程中，驾培行业也出现了很多新的变化。

从行业管理看，政策的调整意味着驾培行业进一步的规范化、市场化、便民化。尤其是在交通运输部的指导下，地方行业管理部门开始发力，出台政策配套措施，鼓励行业新科技应用，建立健全行业治理体系，着力提升学员满意度，加强第三方资金监管，努力降低驾培市场运行风险。

从市场需求看，驾培市场的学员更加年轻化、需求多样化。尤其是高考生市场已经成为驾培机构经营者关注的焦点，营销手段也在推陈出新，以适应市场新需求。

从市场供给看，驾培机构正在加速两极分化。驾校不再以规模论强弱，而是以盈利能力、运营管理水平来衡量驾校的发展质量。历经疫情的严峻考验，强者越强，弱者越弱。驾培行业亏损面加大，区域头部驾校正在向现代企业管理迈进，教学服务、营销招生、运营管理等工作越来越精细化。尤其是驾培机构职业经理人和教练员队伍管理作用的发挥，受到行业广泛关注。

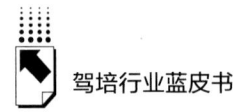

从科技应用看,新能源教练车、机器人教练设备和驾驶教学模拟器正在推动驾培行业的智能化。智慧驾校从概念到落地,已经不再是陌生的事物,而是正在成为助推行业降本增效、低碳发展和转型升级的重要力量。

关键词: 驾培行业　驾培市场　交通安全　智慧驾校

前　言

近十年来，随着经济社会的快速发展，我国全面跨入汽车社会。据公安部统计，截至 2022 年 12 月底，全国机动车驾驶人达到 5.02 亿人，其中汽车驾驶人达到 4.64 亿人；机动车保有量达 4.17 亿辆，其中汽车保有量达到 3.19 亿辆。

从新中国成立至 2003 年，全国机动车驾驶人数量达到 1 亿人，用了整整 54 年时间。2003 年至 2014 年，机动车驾驶人从 1 亿人增加至 3 亿人，用了 11 年时间。2014 年以来，驾驶人进入持续快速增长期，仅用 8 年时间，全国机动车驾驶人突破 5 亿人，年均增加 2500 万人。

从非机动车到机动车、从摩托车到汽车，巨大的转变令人目眩。20 世纪 80 年代到 20 世纪末，摩托车占机动车的比重超过 60%。进入 21 世纪，汽车保有量及汽车驾驶人数量均迅猛增长，目前占机动车保有量及机动车驾驶人总量的比重已分别达到 76.6% 和 92.5%，汽车成为主要交通出行工具，我国交通出行结构发生根本性变化。

目前，我国机动车驾驶人数量占成年人数量的近 50%，平均每 2 个成年人中即有 1 人持有驾驶证。同时，近年来汽车年均增量超过 2000 万辆。截至 2022 年底，我国千人汽车保有量达到 225 辆，平均每百户家庭拥有汽车达到 60 辆，汽车已从少数人的奢侈品变为普通家庭的消费品、必需品，逐步走进千家万户，驾驶技能已从职业技能变为基本生活技能。

中国的经济发展创造了奇迹，也顺势创造了驾培行业的奇迹。我国的机动车驾驶人总数和培训量目前均居世界第一位。机动车驾驶培训关乎人民学

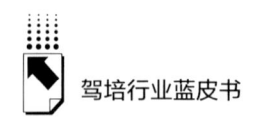

驾的需求，关乎道路交通安全发展，关乎人民群众对美好生活的向往，是交通运输系统重要的民生服务领域之一。当前，驾培行业进入"发展方式转变、产业结构升级、重构商业模式"的重要时期。

2022年是新冠疫情对驾培行业影响和冲击最大的一年。疫情对驾培机构而言是一场大考，更是对经营管理者的一次极限压力测试，它能直接测出驾校的管理水平、营销能力、团队素质，更能测出驾校的财务状况、现金流实力和抗风险能力。

在新形势下，驾培机构的教学、服务和管理模式如何有序变革，如何提高市场竞争能力、生存能力和风险管控能力，成为行业能否实现转型升级的热点。我们必须清醒地面对现实，不断提升认知，把握机会，付诸行动。

第一，要正确认识驾培市场需求形势。在"放管服"改革背景下，市场供需关系发生变化，供大于求的买方市场成为驾培行业的常态，这也是行业进入成熟期的特征。与此同时，学员年轻化、需求多样化，对行业提出了更高的要求，粗放式发展模式难以为继。对此，驾培机构应该有清醒的认识，必须顺势而为、主动变革、扎根市场、适应市场，赢得发展先机。

第二，要准确把握疫情后的市场机遇。我国有14亿多人口，其中5亿人持有驾驶证，当前每年驾驶培训量依然在高位运行。总的来看，驾培市场空间依然很大，疫情期间驾培市场的一些需求被抑制或延迟，这使我们对疫情后的恢复性增长有了更强的预期。

第三，要着力推进驾培行业高质量发展。市场开拓越难，就越需要精耕细作，苦练内功，提高和完善自身，实现价值回归，着力培养一生无事故、安全文明的高素质驾驶人。需坚持以市场为导向，加快转型升级，做到教学升级、服务升级、管理升级、营销升级、品牌升级，不断提高学员满意度；需充分利用"互联网+"、人工智能、大数据等新一代信息技术，实现智慧绿色转型；需持续推进供给侧结构性改革，不断创新服务产品、提升教学服务水平，通过高质量供给创造有效需求。

当前，用"新媒体"开拓市场，提升营销效果；用"新科技"优化经营，进一步提升效率；用"新产品"满足新需求，使驾驶培训从一次性消

前言

费变成重复性消费：这些都是驾培行业从业者思考和探索的新方向。

道路交通安全直接关系每一个人的平安健康、每一个家庭的幸福安康，关系交通强国的实现，需要政府部门、行业企业、社会团体、媒体等多方共同努力，对提升驾驶人安全文明素养、维护道路交通安全再多一份关注、多一份责任，大力传播文明交通理念，树立法治精神，增强规则意识，推动形成安全文明、守法礼让的驾驶风尚。

中国交通运输协会驾驶培训分会就是常年致力于推动道路交通更加安全的一股清流。驾驶培训分会主导编撰的《中国驾培行业发展报告（2023）》，在交通运输部运输服务司的支持、指导下，在中国交通运输协会的严密组织下，在木仓科技的积极参与下，如约和大家见面了。

我们希望通过对驾培行业的持续观察和记录，与大家一同探索行业未来的创新发展思路，也希望能够促进更多的从业者参与到对行业高质量发展的探讨中来，能够为更多驾培机构提供指引，同时希望为政府以及社会记录行业发展全貌，推动行业整体提升与共同进步，这也是我们连续六年编撰"驾培行业蓝皮书"的初衷所在。

从去年11月筹备至今，蓝皮书的编写过程历时几个月，编委们在信息采集、调研写作方面做出了巨大努力，也得到了许多企业、机构、专家的大力支持，在此一并表示衷心的感谢。同时，蓝皮书也引用了一些第三方观点、案例、数据等，均注明了出处，如有遗漏，敬请谅解。鉴于认知以及能力所限，本书难免会有错谬之处，还望得到广大读者的批评指正。

《中国驾培行业发展报告（2023）》编写委员会

2023年4月18日

目 录

Ⅰ 总报告

B.1 2022~2023年驾培行业发展状况
　　……………………… 刘治国　田汝鹏　肖　虎　顾　皓 / 001

B.2 2023年驾培行业发展预测
　　……………………… 安道利　牛文江　董　强　邢海燕 / 048

Ⅱ 行业管理篇

B.3 区域性驾培考一体化的探索与成效
　　……………………… 王　力　袁建忠　李增剑　李　政 / 076

B.4 驾培市场规范思路与管理实践
　　——以甘肃省驾培市场管理为例……………尹旭阳　熊燕舞 / 092

B.5 国外驾驶培训考试管理现状及启示
　　——以奥地利为例……………………………刘　畅　孟兴凯 / 105

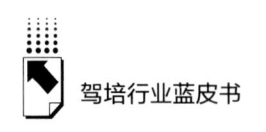

Ⅲ 市场发展篇

B.6 学员投诉与满意度的规范管理
.... 江　繁　陈　成　姜占峰 / 121
B.7 驾校高考季营销工作研究与探讨............... 冯晓乐　徐小灵 / 134
B.8 保险与驾培市场融合发展................. 王德刚　高　峰 / 149

Ⅳ 运营管理篇

B.9 智慧驾校的实践与发展............... 孟　虎　丁　林　刘俊利 / 160
B.10 驾校职业经理人履职现状、问题与发展 …… 刘俊利　周永川 / 173
B.11 新时期驾校教练员队伍的建设与管理
.... 冯晓乐　陈　燕　郇　伟 / 194

后　记 .... / 212

总 报 告

B.1
2022~2023年驾培行业发展状况

摘　要： 2022年，在疫情的冲击之下，全国驾培市场发展普遍较艰难，相对于2021年，盈利的驾校占比下降，行业两极分化更加明显。尽管疫情造成了严重的干扰，但是没有阻挡驾培行业前进的步伐。机动车驾驶证的使用范围更广，驾驶人继续大幅增加，驾培市场进入成熟期。国家和地方驾驶培训政策也在积极推进调整，行业协会的自律作用逐步发挥出来。

关键词： 驾培行业　驾培市场　智能驾培　信誉考核　第三方存管

随着经济社会的快速发展，我国全面跨入汽车社会，大众的交通出行结构发生了根本性变化，汽车出行成为寻常百姓的交通常态。汽车社会的快速发展也带动了我国驾培行业的高速发展。我国驾培行业经过几十年的发展已充分市场化，从萌芽期、发展期进入市场的成熟期。驾培行业转型升级的步

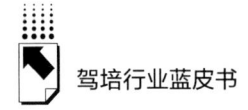

伐正在加速，驾培机构的一级、二级、三级分布结构，行业从业者的年龄、学历结构，学员的年龄、学历结构都在发生改变。在政策和市场的双向驱动下，驾培行业两极分化愈加明显，并进一步走向专业化、品牌化和集中化。

2023年春节后，中国交通运输协会驾驶培训分会在全国各地运输管理部门、地方行业协会、会员单位和广大驾培机构的支持下，面向全国开展了"2023年全国驾培市场运行基本情况调查"（以下简称"2023年调查"）。本文根据调查结果和相关部门、行业协会公布的数据，结合行业年度重大事件，以及部分地方管理部门发布的公告，来系统梳理总结过去一年驾培行业发展的主要成绩、经验，包括国家层面和地方层面的法规政策调整、典型创新做法经验，供行业管理部门、驾培机构和社会投资者决策参考。

一 机动车及驾驶人数量增长情况

据公安部统计，2022年全国机动车保有量达4.17亿辆，其中汽车3.19亿辆；机动车驾驶人达5.02亿人，其中汽车驾驶人4.64亿人。2022年全国新注册登记机动车3478万辆，新领证驾驶人2923万人。[1]

（一）我国机动车化水平继续提升

随着我国汽车化进程不断加快，人们的交通出行工具经历了从非机动车到机动车、从摩托车到汽车的转变。20世纪80年代到20世纪末，摩托车占机动车总量的比重超过60%，机动化出行属于摩托车主导的时代。进入21世纪特别是新时代以来，汽车保有量及汽车驾驶人数量均迅猛增长，目前占机动车保有量及驾驶人总量的比重已分别达到76.6%和92.5%[2]，汽车

---

[1] 《公安部发布2022年全国机动车和机动车驾驶人数据》，人民网，https://www.360kuai.com/pc/97f0a95099f1f2c03?cota=3&kuai_so=1&sign=360_57c3bbd1&refer_scene=so_1，2023年1月11日。

[2] 《公安部发布2022年全国机动车和机动车驾驶人数据》，人民网，https://www.360kuai.com/pc/97f0a95099f1f2c03?cota=3&kuai_so=1&sign=360_57c3bbd1&refer_scene=so_1，2023年1月11日。

成为主要交通出行工具，我国交通出行结构发生根本性变化。

截至2022年底，我国千人汽车保有量达到225辆，平均每百户家庭拥有汽车达到60辆①，汽车已从少数人的奢侈品变为普通家庭的消费品、必需品，逐步走进千家万户。但相对而言，世界上部分国家的千人汽车保有量分别是：美国864辆，澳大利亚747辆，意大利695辆，加拿大670辆，日本591辆，德国589辆，英国579辆，法国569辆，马来西亚433辆，俄罗斯373辆。由此可以看出，中国汽车消费市场还有巨大的潜力和发展空间。

公安部数据②显示，截至2022年底，全国机动车保有量达4.17亿辆，扣除报废注销量比2021年增加2129万辆，增长5.39%。2022年全国新注册登记机动车3478万辆。汽车保有量达3.19亿辆，占机动车总量的76.6%，比2021年增加1752万辆，增长5.81%。全国新注册登记汽车2323万辆。摩托车保有量达8072万辆，占机动车总量的19.4%，比2021年增加513万辆，增长6.79%。全国新注册登记摩托车1130万辆。

全国有84个城市的汽车保有量超过100万辆，同比增加5个城市，39个城市超200万辆，21个城市超300万辆，其中北京、成都、重庆、上海超过500万辆，苏州、郑州、西安、武汉超过400万辆，深圳、东莞、天津、杭州、青岛、广州、佛山、宁波、石家庄、临沂、长沙、济南、南京13个城市超过300万辆。

以南京市为例，《南京市2022年国民经济和社会发展统计公报》显示，2022年，南京机动车保有量稳步增加，年末全市机动车保有量（不包含拖拉机）320.33万辆，私人汽车233.40万辆。③按2022年末南京常住人口

---

① 《公安部发布2022年全国机动车和机动车驾驶人数据》，人民网，https：//www. 360kuai.com/pc/97f0a95099f1f2c03？cota＝3&kuai_ so＝1&sign＝360_ 57c3bbd1&refer_ scene ＝so_ 1，2023年1月11日。

② 《公安部发布2022年全国机动车和机动车驾驶人数据》，人民网，https：//www. 360kuai.com/pc/97f0a95099f1f2c03？cota＝3&kuai_ so＝1&sign＝360_ 57c3bbd1&refer_ scene ＝so_ 1，2023年1月11日。

③ 《南京市2022年国民经济和社会发展统计公报》，南京市统计局网站，http：//tjj. nanjing.gov.cn/bmfw/njsj/202303/t20230324_ 3871176.html，2023年3月24日。

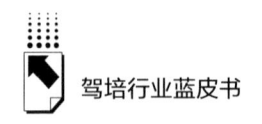

949.11万人来计算，平均每3个南京人就拥有一辆机动车。

截至2022年底，全国新能源汽车保有量达1310万辆，占汽车总量的4.10%，扣除报废注销量比2021年增加526万辆，增长67.1%。其中，纯电动汽车保有量1045万辆，占新能源汽车总量的79.8%。2022年全国新注册登记新能源汽车535万辆，与上年相比增加240万辆，增长81.5%。新注册登记新能源汽车数量从2018年的107万辆增长到2022年的535万辆，呈高速增长态势。

截至2022年底，全国公安交管部门共办理机动车转让登记业务3027万笔。其中，汽车转移登记业务2869万笔，占94.8%。近五年二手汽车转让登记与汽车新车注册登记数量的比例由0.77上升至1.24，二手汽车转让登记量超过汽车新车注册登记量。2022年，公安部会同商务部等部门推出系列便利二手车交易登记的改革新措施，全面实行经销二手车"单独签注、核发临牌"，异地直接办理交易登记的二手小客车达310万辆，促进了二手车的流通。

2023年1月12日，中国汽车工业协会发布的数据显示，2022年，在购置税减半等一系列稳增长、促消费政策的有效拉动下，我国汽车工业呈现恢复性增长，全年产销量稳中有增，为稳定整个工业经济增长起到积极作用。2022年全年，我国汽车产销量分别完成2702.1万辆和2686.4万辆，同比分别增长3.4%和2.1%。其中，乘用车产销量分别完成2383.6万辆和2356.3万辆，同比分别增长11.2%和9.5%。从增速来看，产量增速与2021年持平，销量增速与2021年相比下降1.7个百分点。数据还显示，2022年，我国新能源汽车产销量分别完成705.8万辆和688.7万辆，同比分别增长96.9%和93.4%。[1] 其中，纯电动汽车产销量分别完成546.7万辆和536.5万辆，同比分别增长83.4%和81.6%。[2]

---

[1] 《中汽协：2022年汽车销量2686.4万辆2023预计增长3%》，网易，https://auto.163.com/23/0112/15/HQT2K6QF000884MM.html，2023年1月12日。

[2] 《2023年1月中国新能源汽车行业产销规模及增长情况》，前瞻产业研究院，https://bg.qianzhan.com/report/detail/459/230424-ae41a269.html，2023年4月24日。

（二）驾驶证持有人数继续大幅攀升

截至 2022 年底，全国机动车驾驶人数量达 5.02 亿人，其中汽车驾驶人 4.64 亿人，占机动车驾驶人总数的 92.5%。2022 年，全国新领证驾驶人 2923 万人。

从驾驶人增速看，2013~2022 年东部地区驾驶人增速为 9.7%，中部地区为 10.3%，西部地区为 11.9%，中西部地区增速高于东部地区。

从城乡发展情况看，机动车驾驶人超过 100 万人的城市达到 181 个，占全国城市数量的 54%，其中超过 500 万人的城市达 12 个。[①] 农村地区机动车驾驶人增长迅猛，年均增量超过 1300 万人，目前已达 2.89 亿人，占全国驾驶人数量的 57.8%。此外，农村地区机动车保有量达到 2.08 亿辆，其中汽车 1.4 亿辆，分别占全国的 50.2%、44.1%。[②]

机动车和驾驶人增长重心的转变，体现了我国区域协调、城乡统筹的新发展态势，反映了打赢脱贫攻坚战、实施乡村振兴战略、全面建成小康社会取得的巨大变化和成就。

自 2022 年 4 月 1 日起实施的《机动车驾驶证申领和使用规定》（公安部令第 162 号）新增轻型牵引挂车准驾车型（C6），目前已取得 C6 准驾车型驾驶证的驾驶人数量达 44 万人，更好地满足了人民群众驾驶小型旅居挂车出行的需求，促进房车旅游新业态发展。

以江苏省为例，截至 2022 年底，全省机动车驾驶人数量达 3347.36 万人，比上年增加 117.7 万人。其中汽车驾驶人 3196.81 万人，比上年增加 120.3 万人。其中，苏州、南京、南通、无锡、徐州五市机动车驾驶人数量超 300 万人。在全省 3196.81 万汽车驾驶人中，持 C 类准驾车型驾驶证的为 2875 万人，占汽车驾驶人总数的 89.9%；持 A 类、B 类准驾车型驾驶证的

[①]《截至 11 月底全国机动车驾驶人数量超 5 亿》，央视网，https://news.cctv.com/2022/12/08/ARTI5rsumiKNbqTg4ejcFdoi221208.shtml，2022 年 12 月 8 日。

[②]《我国农村机动车保有量占全国 50% 以上》，中国经济网，http://tuopin.ce.cn/news/202212/20/t20221220_38297495.shtml，2022 年 12 月 20 日。

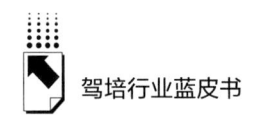

为321万人，占汽车驾驶人总数的10.1%。自2022年4月1日《机动车驾驶证申领和使用规定》实施以来，全省取得轻型牵引挂车准驾车型（C6）驾驶证的驾驶人数量达3万人。①

与此同时，汽车驾驶人结构也发生明显变化，新驾驶人数量激增。截至2022年11月底，3年以内驾龄的驾驶人达1.03亿人，占比达20.6%；25岁以下低年龄驾驶人达5448万人，占比达10.9%，大学生成为学车领证的重要群体。从驾驶证准驾车型看，持C类小型汽车驾驶证的驾驶人达4.1亿人，占82.6%；持A类、B类大中型客货车驾驶证的驾驶人达4977万人，占9.9%。②

新时代十年是我国道路交通管理奋进变革的十年，公安机关坚持以人民为中心的发展思想，统筹安全与发展，会同相关部门深入推进依法治理、源头治理、综合治理、系统治理，在机动车、驾驶人数量迅猛增长的情况下，全国道路交通安全形势总体稳定，万车死亡率下降37.2%，较大道路交通事故起数下降59.3%，重特大道路交通事故起数下降84%，降至2021年的4起③，2022年以来发生1起，同比减少3起。130多项便民利企交管改革措施接续推出、稳妥落地，群众安全感、获得感、幸福感不断增强。我国驾驶人安全文明素养不断提升，"喝酒不开车、开车不喝酒"观念深入人心，礼让斑马线、"一盔一带"成为交通新风尚。

中国的经济发展创造了奇迹，中国经济社会的发展也创造了驾培行业的奇迹。我国的驾驶人总数和培训量目前都稳居世界第一位。但是与快速的汽车化进程和建设交通强国的要求相比，我国汽车文化积淀和汽车文明养成尚不匹配，一些交通参与者特别是驾驶人的交通违法行为和交通陋习普遍存

---

① 《2022年江苏省机动车保有量达2496.80万，新能源汽车99.12万，同比增长96.3%》，新浪网，https://finance.sina.com.cn/jjxw/2023-01-29/doc-imycvxxr0370026.shtml，2023年1月29日。

② 《截至11月底全国机动车驾驶人数量超5亿》，央视网，https://news.cctv.com/2022/12/08/ARTI5rsumiKNbqTg4ejcFdoi221208.shtml，2022年12月8日。

③ 《十年来我国道路交通安全各项指数持续向好》，中国政府网，http://www.gov.cn/xinwen/2022-07/25/content_5702727.htm，2022年7月25日。

在，全社会的交通安全观念有待不断加强，交通文明意识有待持续强化，交通行为规则有待大力规范。

二 机动车驾驶证互认换领推进情况

（一）内地与澳门签署驾驶证互认换领协议

2023年2月，公安部与澳门特别行政区政府签署内地与澳门驾驶证互认换领协议，协议自2023年5月16日起生效。根据签署的驾驶证互认换领协议，内地与澳门承认对方核发的有效驾驶证，一方准许持有对方驾驶证的人员直接驾车或者免试换领驾驶证。互认换领的驾驶证准驾车型包括小型汽车和小型自动挡汽车。对持有效正式澳门驾驶执照的澳门永久性居民，持正式澳门驾驶执照，以及身份证明原件、身体条件证明、照片，可以直接免试换领内地驾驶证，无须参加考试；持有效内地纸质驾驶证的人员，在入境澳门14日内可直接驾驶规定车型，无须换领澳门驾驶执照；入境澳门超过14日需继续驾车的，经澳门治安警察局交通厅登记后，一年内可以在澳门直接驾驶规定车型。

公安部有关负责人介绍，此前，内地与香港已经实现了驾驶证互认换领。内地与澳门驾驶证互认换领，将大大便利粤港澳大湾区居民往来，对推进粤港澳大湾区建设具有重要意义。下一步，公安部将积极指导地方公安交管部门做好内地与香港、澳门驾驶证互认换领工作，进一步便利内地与港澳居民驾车出行。

（二）中塞驾驶证互认换领协议正式生效

自2022年3月13日起，中国与塞尔维亚驾驶证互认换领协议正式生效，两国驾驶证实现免试互认换领。当天，北京某高校一名塞尔维亚籍篮球教师持塞尔维亚驾驶证顺利换领了中国驾驶证，成为北京第一个享受此项政策便利的塞尔维亚籍申请人。

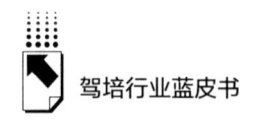

2021年5月,《中华人民共和国政府与塞尔维亚共和国政府关于互认换领机动车驾驶证的协议》正式签署。根据协议,中塞双方承认对方核发的有效驾驶证,一方准许持有对方国家驾驶证的人员在其境内直接驾车或者免试换领驾驶证。对于临时进入对方境内不超过一年的,双方驾驶证实现互认;对于在对方国家居留超过一年的,双方驾驶证实现免试互换。互认和换领的驾驶证准驾车型包括小型汽车和摩托车。

截至目前,中国已经实现与阿联酋、比利时、法国和塞尔维亚4国驾驶证互认换领。专家指出,中国与其他国家驾驶证互认换领范围的扩大,将使中国公民在境外驾车出行更简单,也为中国公民在海外进行商贸、旅游、留学等活动提供方便。

(三)便利军人换领大型货车驾驶证

2023年4月7日上午,公安部召开新闻发布会,推出公安交管服务群众服务发展10项便利措施。①

10项新措施分为深化减证便民、服务群众出行、创新"互联网+交管"服务等3个方面,涵盖车驾管办牌办证、城市交通秩序、事故和违法处理、驾驶人教育审验和农村交通安全管理等,进一步扩大改革惠及面,增强群众获得感。

其中第三项是便利军人换领大型货车驾驶证。在推行持军队、武装警察部队驾驶证免试换领小型汽车驾驶证基础上,对申请换领大型货车准驾车型驾驶证,服役期间具备一定大中型客货车安全驾驶经历的,参加科目一考试合格后予以换证,不再需要参加科目三考试,更好地保障退役军人就业从业。

三 驾培市场发展现状调查与分析

根据中国交通通信信息中心驾驶培训工作组对驾驶培训数据交换与服务平台2023年2月运行情况的分析数据,截至2023年2月28日,驾培平台共

---

① 《公安部推出10项公安交管服务群众服务发展便利措施》,中国政府网,http://www.gov.cn/lianbo/2023-04/07/content_ 5750395. htm,2023年4月7日。

收到31个省区市以及新疆生产建设兵团传输的驾驶员培训行业数据，累计收到驾培机构信息20416家，教练员信息105.06万人，培训车辆信息84.56万辆。

自2004年《道路交通安全法》实施至今，驾培市场加速进入成熟期。成熟期有两个最基本的特征，一是价格恶性竞争，二是市场供给严重过剩。这一时期的市场需求增长率不高，行业特点、行业竞争状况及用户特点非常清楚和稳定，买方市场形成，行业盈利能力下降，行业进入的实质性壁垒变高。当然，驾培市场成熟期会是一个相当长的时期，可达几十年。

中国交通运输协会驾驶培训分会"2023年全国驾培市场运行基本情况调查"的数据可以进一步佐证这一论点，本文后文据此分析驾培市场当前发展现状。

（一）2022年驾校整体经营状况

2022年是三年新冠疫情的终点，作为典型的线下培训机构，几乎所有驾校都深受疫情影响，部分地区驾培机构无法正常开展工作，因此驾校的经营出现了一些新状况。

1. 产能过剩，价格战加剧，市场主动退出者越来越多

根据"2023年调查"第12题"2022年，驾校的教练车产能利用率在哪个区间？"的结果，2022年，产能利用率在50%以下的驾校达到了48.96%，比2021年的41.72%增长了7.24个百分点；而存在产能缺口的驾校，则从2021年的12.89%，下降到了2022年的5.14%；产能利用率在80%~100%的驾校比2021年的12.20%下降了3个百分点，只有9.20%。可见，大部分驾校都"吃不饱"，存在生源饥渴现象（见图1）。

在僧多粥少的情况下，价格战烽火连天，出现低价恶性竞争现象，通过一波又一波的"价格战"，招生价格不断走低，导致一些驾校无利可图，只能靠预收的学费等现金流延续企业生命。根据"2023年调查"第4题"2022年，驾校招生的数量与2021年相比表现如何？"的结果，总共有78.38%的驾校认为"招生数量减少"，有40.76%的驾校认为"招生数量减少且利润下降"（见图2）。

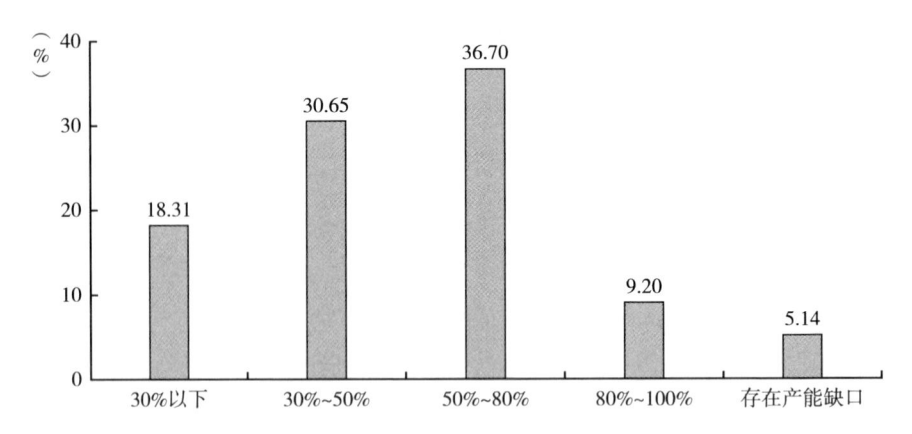

图1　2022年驾校产能利用率情况

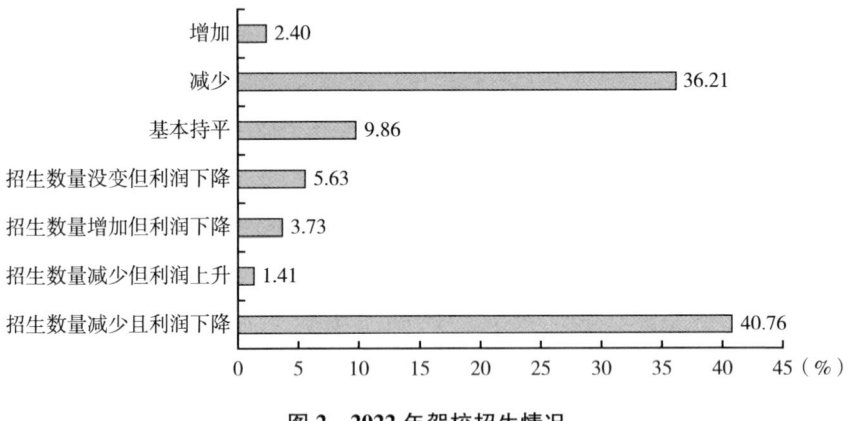

图2　2022年驾校招生情况

广东省道路运输协会组织全省各市驾培相关协会、代表性驾培机构开展驾培行业经营现状书面调研，从珠三角、粤东西北等9个地市调研摸查结果看，2022年各地驾校学费水平普遍在2800~4000元，中位数约为3400元，与2020年、2021年相比分别下降30.2%和36.3%。

根据"2023年调查"第3题"贵校2022年的学费价格与2021年同期相比，下降还是上升？"的结果，有53.27%回答"下降"，回答"上升"的驾校总计不到12%（见图3）。

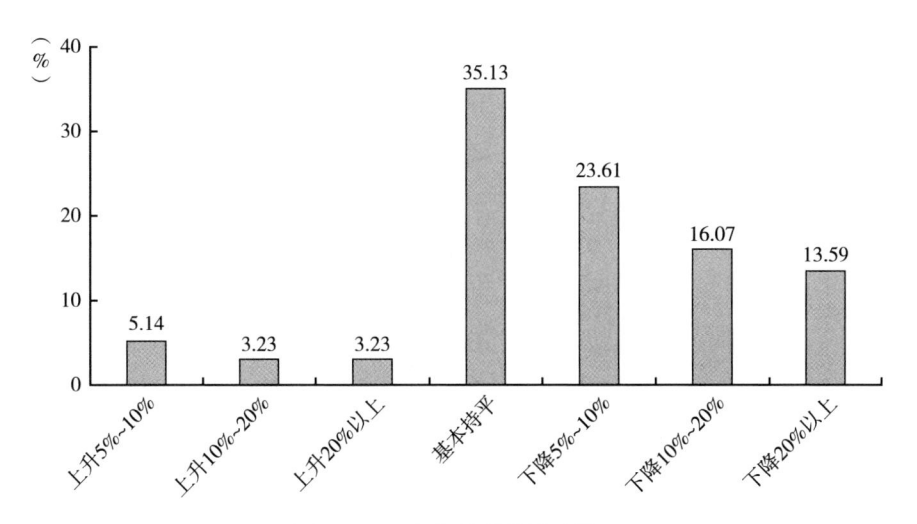

图 3　2022 年驾校学费涨跌情况

2022 年的驾培市场像极了一座围城，外面的人想进来，里面的人想出去。尽管驾培市场早已产能过剩，总体产能利用率不到 60%，市场总供给远远大于总需求，但 2022 年仍然有一些社会投资者大胆进入，驾校总量还在继续增加，当然，退出市场的驾培机构数增长幅度更大。有行业专家戏说，最早的驾培行业是"大家齐活"，后来是"半死不活"，现在是"要死要活"。

根据"2023 年调查"第 7 题"相对 2021 年，2022 年当地的驾校总数量是否有变动？"的结果，约有 34.5% 的驾校经营者回答"增加"，基本和 2021 年持平。但有 26% 的驾校经营者回答为"减少"，比 2021 年增加了 2 个百分点。尤其是减少 10% 以上驾校的地区，从 2021 年的 9.15%，上升到了 12.76%（见图 4）。可见，2022 年行业经营者在疫情笼罩和价格战压力之下，选择了主动退出。

驾培机构退出驾培市场，一般表现较为平稳，主要是原有经营者不续租场地，把之前的生源和资源转给驾培行业的同仁，或者被同行吸收合并，或者整合成为一个规模较大的驾培机构。

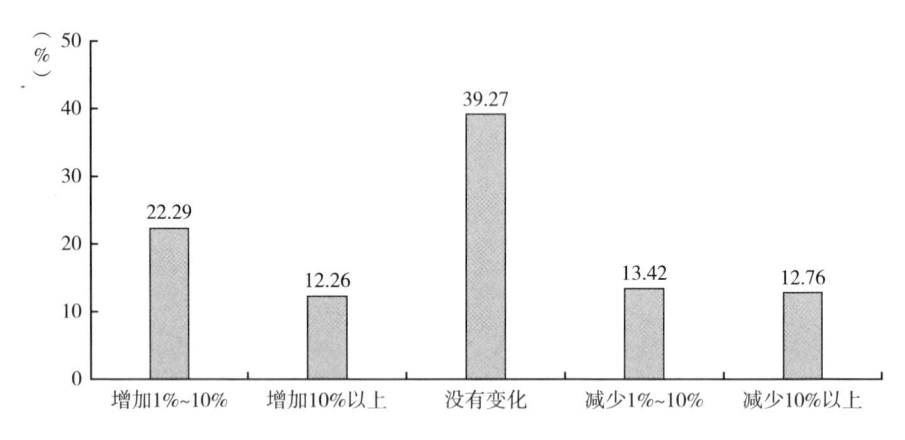

图 4 2022年驾校数量变动情况

2. 学费偏低，各项成本升高，行业亏损面扩大

近20年来，驾培行业的学费总体本来就偏低，小轿车的学费长期在3000元左右徘徊，扣除物价上涨因素，实际学费已经大幅缩水。

根据"2023年调查"第2题"2022年贵驾校的总体学费（含考试费）平均在以下哪个区间？"的结果，有41.68%的驾校学费低于3000元（见图5）。

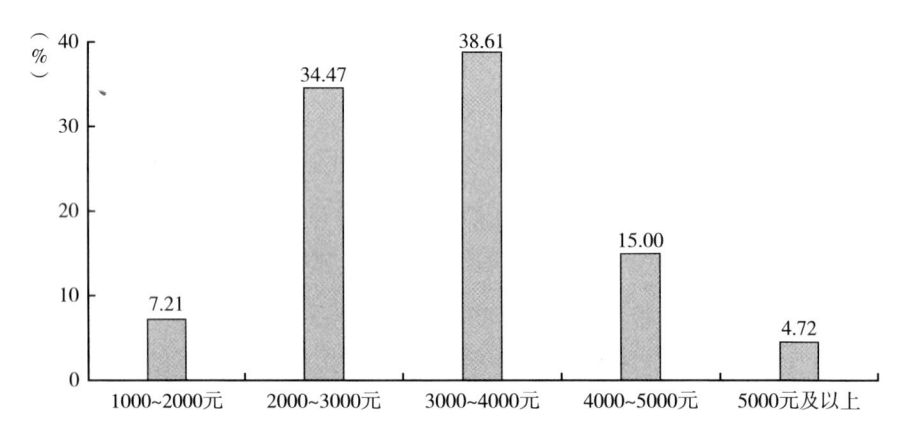

图 5 2022年驾校学费情况

根据"2023年调查"第8题"贵驾校2022年经营利润与2021年同期相比，情况如何？"的结果，有83.51%的驾校回答"下跌"（见图6）。

2022年频繁的停训停考给驾校带来的营业收入下降、成本压力变大和学员积压成本骤增，使得1/3的驾校在全年经营中困难重重。

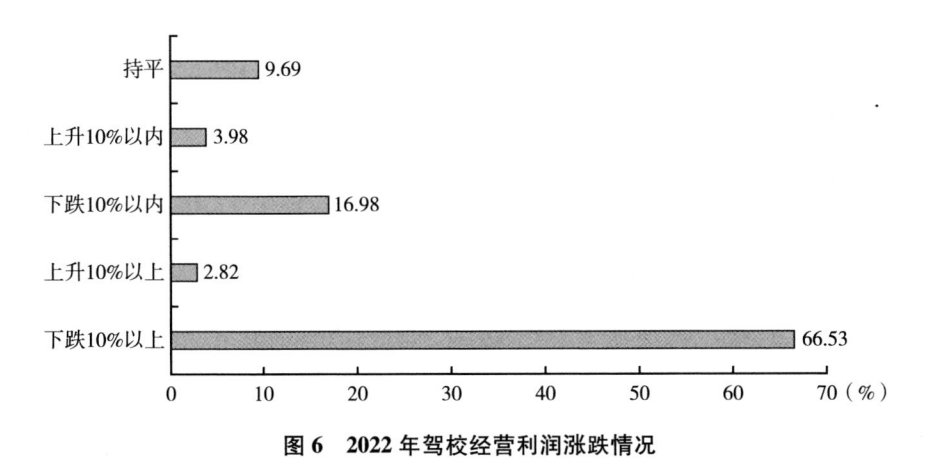

图6 2022年驾校经营利润涨跌情况

- 持平：9.69
- 上升10%以内：3.98
- 下跌10%以内：16.98
- 上升10%以上：2.82
- 下跌10%以上：66.53

根据"2023年调查"第9题"2022年驾校全年经营是否取得盈利?"的结果，有59.4%的驾校回答"亏损"，这一占比比2021年的46.51%增长了约13个百分点；取得盈利的驾校不到22%（见表1），而2021年取得盈利的驾校共有30.58%。可见行业已经是大面积亏损。

表1 2022年驾校盈利情况

选项	填写人次	占比(%)
大幅盈利	10	0.83
小幅盈利	249	20.63
保本持平	231	19.14
小幅亏损	401	33.22
大幅亏损	316	26.18
合计	1207	100.00

原因何在？除了学费不涨反降之外，驾校包括人工、场地租金在内的各项经营成本的攀升，是最大的影响因素。近年来，我国城区内的驾校场地租金不断攀升。以广州为例，目前训练场租金成本普遍已上涨至每平方米每月

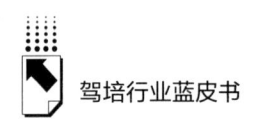

20元，按新国标要求每车需要400平方米场地，单车每月租金成本高达8000元。同时，用工成本不断增加，行业管理越来越严格规范，加上油价上涨的影响，经营成本上涨（10%～15%）。面对经营成本的持续上升，驾校大多积极采取减员及减少辅助训练场地等方式来自救。但伴随着行业的白热化竞争，招生价格不升反降（甚至出现运营成本与招生价格倒挂现象），大部分驾校靠预收款现金流勉强维持，一些驾校已陷入严重经营危机，还有部分驾校存在倒闭风险。

案例1

东方时尚2022年年报显示，驾驶培训收入受疫情影响下滑。2022年，驾驶培训受疫情影响，学员不能到校参加培训，导致收入确认节奏变缓，驾驶培训收入7.8亿元，同比减少24.6%。归母净利润-4318.34万元，同比下降128.35%；扣非净利润-5274.84万元，同比下降139.3%。

子公司云南东方时尚实现收入0.7亿元，同比减少38.3%，实现亏损0.1亿元；石家庄东方时尚实现收入0.2亿元，同比减少36.7%，实现亏损0.3亿元；山东东方时尚实现收入0.4亿元，同比减少17.9%，实现亏损0.5亿元；荆州东方时尚实现收入0.5亿元，同比减少40.9%，实现亏损682.5万元。[①]

根据"2023年调查"第10题"近年来，贵驾校的经营成本变化情况？"的结果，有42.42%的驾校回答为"增加"，甚至有13.09%的驾校经营成本增加了20%以上（见图7）。驾校对降本增效的意愿越来越高。

案例2

日前，向中国际发布2022年业绩公告，全年实现营收4773.4万元，同比减少28.9%，归母净亏损为866.7万元，同比扩亏151.2%。

[①] 关婧：《东方时尚2022年预亏3681.25万元，同比由盈转亏》，中国经济网，http://finance.ce.cn/stock/gsgdbd/202302/01/t20230201_38370431.shtml，2023年2月1日。

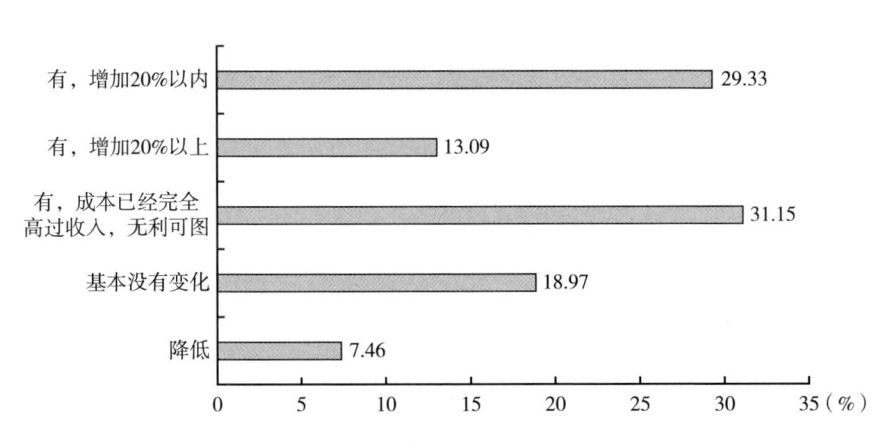

有，增加20%以内	29.33
有，增加20%以上	13.09
有，成本已经完全高过收入，无利可图	31.15
基本没有变化	18.97
降低	7.46

图7 2022年驾校经营成本涨跌情况

财报显示，截至2022年12月31日，向中国际总收益同比减少约28.9%至人民币4770万元。对于报告期内收益减少，公司称主要是由于提供大型车辆及小型车辆驾驶培训服务的收益分别减少1760万元及180万元。

利润方面，2022年内公司毛利同比减少约50.1%至1130万元。公司拥有人应占净亏损约870万元，而2021年则约为350万元。亏损扩大的原因包括参加大型车辆及小型车辆驾驶课程的学员总数及实际培训时数整体减少、汽油平均单价上涨等。

财报指出，2022年课程招生总数比上年同期的13040人下降25.8%。通泰驾校和顺达驾校2022年的整体课程招生人数均出现负增长。大型车辆及小型车辆和标准及高级课程的招生人数整体减少，主要是疫情反复影响、出行受限所致。

费用方面，向中国际2022年的销售及营销开支、行政开支、财务开支分别为343.1万元、1513万元、458.8万元，分别同比增长13.3%、减少10%、增长17.8%。[①]

2022年全国疫情多点频发，货运受阻、物流不畅，国内汽车货运、客运市场欠佳，一些大中型客货从业者转岗转行，给新增大中型客货驾驶从业

---

① 田云绯：《向中国际2022年净亏损为866.7万元，同比扩大151.2%》，中国经济网，http://finance.ce.cn/stock/gsgdbd/202304/01/t20230401_38475753.shtml，2023年4月1日。

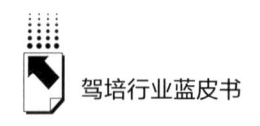

者增加了不确定性因素，降低了市场发展预期，从而导致大型客货车驾驶员需求量大幅减少，大中型客货驾驶培训业务也出现萎缩。

同时，依靠大学生生源的驾校经营惨淡，其习惯于开拓大学生市场，并未全力开拓社会生源，因而成为经营业绩下滑的重灾区。

3.从业者信心欠缺但回升，原有经营者投资偏保守

整个驾培行业出现大面积亏损，导致企业投资人、经营者对行业前景产生担忧。

根据"2023年调查"第1题"针对2022年您所在地区驾培市场的变化，您认为以下哪几个字最能代表您的整体感受？"的结果，选择"无序发展""困难重重""非常无力"等负面情绪强烈选项的驾校累计为60.97%（见图8）。说明大家总体信心欠缺。

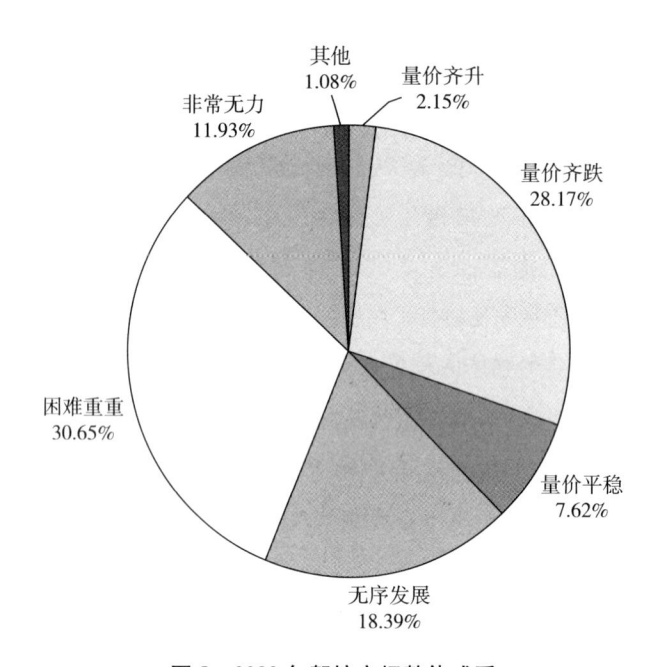

图8 2022年驾培市场整体感受

在对前景较为悲观的情况下，一些驾校主动或被动采取了裁员、自然减员和减少用工的措施，缩小了员工队伍。

根据"2023年调查"第11题"与2021年同期相比，2022年贵校教练员及其他员工的数量增减情况？"的结果，有60.73%的驾校回答"减少"（见图9）。

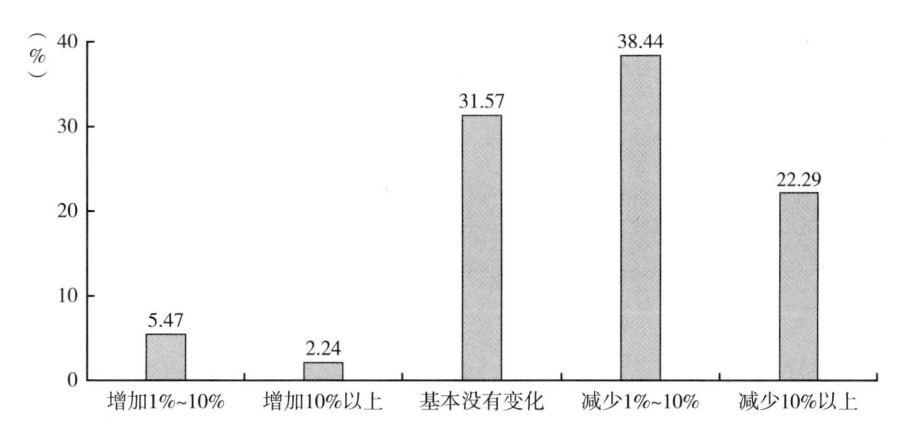

图9　2022年驾校员工增减情况

根据"2023年调查"第13题"针对驾培市场的现状，2023年您对驾校的投资意向是什么？"的结果，有32.97%的驾校选择"收缩场地规模，裁员或减少教练车辆"；5.88%的选择"关停转让驾校，或者转型做其他业务"，52.61%的选择"保持不变，观望政策变化"（见图10）。

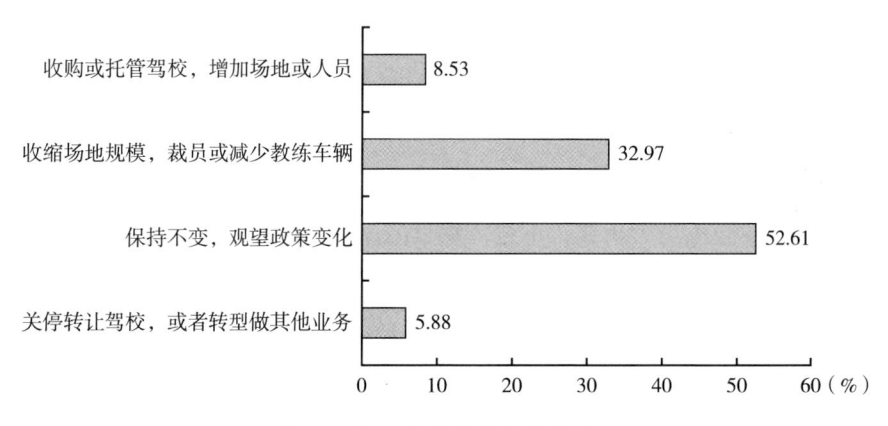

图10　2022年驾校投资意向情况

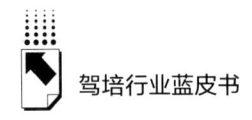

根据"2023年调查"第21题"2023年,您对当地以及全国驾培市场是否更有信心?"的结果,答案的平均值为48.26(见图11),比2022年的平均值43.41高了不少。

2022年的疫情和驾校经营情况,应当是极为特殊的。当疫情防控放开之后,大家对未来的信心就增加了,因为似乎最坏的情况已经过去了。

总值为57236 平均值为48.26
对区间(0~100)进行5等分

区间	0~20	20~40	40~60	60~80	80~100
数量	289	191	289	230	187

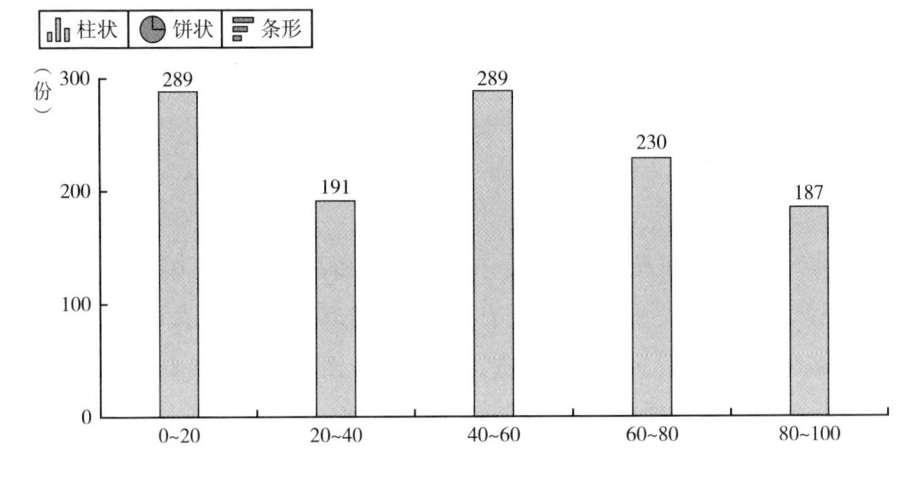

图11 对2023年驾培市场的信心

根据"2023年调查"第19题"以下哪些,是您当下最关注的行业话题?"的结果,有44.57%的关注"疫情对2023年的驾培市场有多大影响",这说明人们的心里阴影犹在,不过,从目前来看,对今后疫情影响的担心显得有点多余了。

需要进一步说明的是,被调查者中有15.49%的驾校信心值在80~100,说明行业已经越来越两极分化,头部驾校的信心更足,它们选择了并购驾校的扩张之路,力求做强做大。

悲观者往往正确,乐观者往往成功。驾培行业的从业者在经营状况、盈利情况和市场信心等方面已经开始两极分化，并且还在分化。市场的演变将更加快速和明显，留给不思进取、观念固化、思想僵化、队伍老化的驾校的时间不多了。

（二）区域驾培市场供求状况

1. 广东省机动车驾驶培训市场预警机制与市场发展状况

截至2022年12月，广东省共有备案普通机动车驾驶员培训机构1366家，比上年增加24家。排名前三的地市分别为广州市（177家）、惠州市（112家）、中山市（109家）。全省现有备案教练车共78282辆，比上年减少3515辆；驾培机构户均教练车数量57.3辆，比上年减少1.4辆；全省备案教练员共有103358人，比上年减少1956人。

按照每车每年培训量为72人计算，广东省年培训能力约为563万人。截至2022年12月，广东省新招收学员256万人，比上年下降22.5%。全省单车平均招生量为33人。

因此，2022年，广东省新招收学员数量总体下降，驾培机构数量仍有小幅增加，驾培行业（小型客车）产能利用率仅为45.74%，行业内供大于求现象较为严重。

驾培从业规模和数量下降。全省备案教练车较上年同期减少，驾培机构经营规模缩小。同时，机动车驾培教练员存在从业人员流失的情况。招生数量出现较大幅度的下跌，2022年各地市小型客车新招收学员数量相比上年下降了18.56%。这反映出学驾市场需求减少，驾培机构经营情况比较困难，驾培行业整体下行，仍呈现"供大于求"现象。

2. 济南市机动车驾驶培训市场风险预警信息

截至2022年9月30日，济南市机动车驾驶培训机构有97家，备案各类型教练车5662辆、各类型教练员6134人。全市驾校训练场地172块，基本覆盖全市各区县，能够满足群众就近学车需求。

按照每车每年培训量为72人计算，济南市驾培行业年理论培训能力约为40.8万人。2022年前三个季度济南市共报名学员11.6万人，而前三个

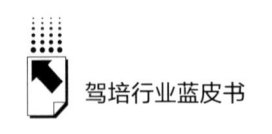

季度理论培训能力约30.6万人，培训率仅为37.9%，驾培机构产能已经严重过剩。

3. 泉州市机动车驾驶培训市场供求信息

截至2022年9月30日，全市经许可（备案）的驾培机构158家，现有在用教学车辆7585辆（本季度增加175辆）。第三季度全市驾培机构招生报名学员人数23670人（同比减少56.75%，环比减少16.47%）、完成培训（结业）学员人数29677人（同比减少58.12%，环比增加216.69%），季度末仍在学学员人数109730人。

依据现有驾培机构的培训规模核算预计，2022年第四季度全市培训能力仍将超过实际报名培训人数，培训能力大于培训需求。

4. 泸州市机动车驾驶培训市场供求信息

截至2022年12月31日，泸州市有驾校59家（含摩托车驾校10家），其中一级培训机构2家、二级培训机构13家、三级培训机构44家；教练车1858辆（含摩托车216辆）；教练员2261人，场地面积2014.48亩。

与2021年相比，2022年全市驾校增加3家，全市教练车增加121辆，教练员增加406人。

根据全市现有教练车数量测算，全年培训能力达11.80万人，截至2022年12月31日实际招生数量为54283人，培训能力远远大于招生人数。

5. 广元市驾培市场供求状况及投资风险预警信息

2022年第二季度全市机动车驾驶员培训机构有18家，其中一级驾校5家、二级驾校7家、三级驾校6家。备案各类型教练车855辆（其中小型汽车808辆），单日教练车最高使用率仅为53%，车辆闲置率较高；备案教练员797人，训练场206块，教练场总面积1430亩。

按照《机动车驾驶培训教学与考试大纲》和计时培训要求，结合全市现有教练车数量估算，广元市第二季度最大培训能力约为1.78万人。据四川省机动车驾驶员培训公共服务平台统计，广元市驾校第二季度新增报名人数7740人，培训能力已经处于过剩状态，2022年第二季度全市驾培市场产能利用率仅为43%。个别驾校出现招生困难、部分教练车闲置、教练员待岗情况，行业培训能力严重过剩，市场竞争激烈。

6. 苏州市区驾培市场供需情况

截至2022年，苏州市区共有驾培机构43家（不含有轨电车驾培机构）、教练车2380辆、教练员2929人、训练场地61块。

2022年苏州市区驾驶员培训报名开班7.9万余人，结业6万余人。与2021年相比，报名开班人数有较大幅度的下降。

在报名学员性别结构中，男性占53.1%，女性占46.9%；在籍贯结构中，本地人占38.4%，外地人占61.6%；在年龄结构中，18~35岁占76.14%，35岁以上占23.86%，仍以适龄学驾人员和青年群体为主。

苏州市区现有驾校全年最大培训能力为17万余人，而全年实际开班学员仅为7.9万余人，产能利用率只有46.5%。

7. 宜宾市驾培市场供求状况及投资风险预警

据四川省驾驶培训监管平台统计，截至2022年底，宜宾市现有驾校35家，各类型在用教练车共计1452辆，各类型教练员共计1934人。

据四川省驾驶培训监管平台测算，2022年宜宾市驾校年培训能力为105144人，全市驾校学员报名总人数为10302人。

8. 长沙市机动车驾驶培训市场情况

2022年，长沙市有机动车驾驶员培训机构171家，备案教练场261块，教学车辆10363辆，在岗教练员9100人。

2017年以来，全市驾培机构数量由144家增至171家。与此同时，全年招生数量在22.1万人到26.1万人之间波动，总体较为平稳。

9. 荆门市机动车驾驶培训市场风险预警分析

截至2022年6月，荆门市共有驾培机构37家，各类注册教练车辆1255辆，驾培行业年培训能力12万人左右。荆门市在2020年、2021年通过驾考新领汽车驾驶证的人数分别为42461人、43620人。驾培机构的培训能力远大于培训需求。

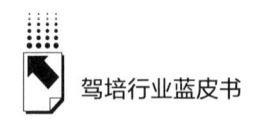

（三）驾培市场现状深层次原因分析

1. 驾培需求回落，人口红利减弱

尽管驾驶考试取证周期和学员学车报名周期存在不同步问题，年度驾驶培训人数和考试人数不一定完全吻合，但拉长观察时间，站在驾培市场需求的角度，从公安部近十年公布的新增驾驶人数据动态来看，可以更加清晰地看出驾培市场的需求井喷和逐步回落的过程。

由图12可知，2013~2015年，我国新领证驾驶人数量激增，从1844万人急速增加到3613万人，驾培市场的需求到达顶峰和最高潮，从2016年起开始回落。

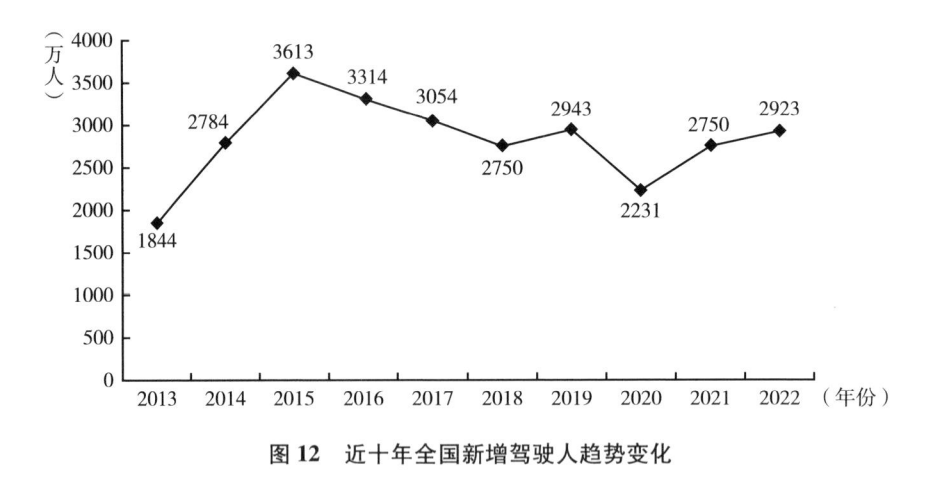

图12 近十年全国新增驾驶人趋势变化

据公安部统计，2022年全国新注册登记机动车3478万辆，新领证驾驶人2923万人。2021~2022年新领证驾驶人看似增加，但实际上并非如此，因为其中包括了摩托车驾驶人。例如，2022年驾龄在1年以下的摩托车驾驶人有207万人左右。

近三年来，摩托车驾驶证考证人数大幅增加，一些城市甚至达到学车总人数的20%左右。如果去掉新增加的摩托车驾驶人，2022年新领证驾驶人数应该不会超过2750万人。

此外，我国人口增速下降问题也逐步显现，这对驾培行业的影响非常明显。《2022年国民经济和社会发展统计公报》显示，2022年末全国人口141175万人，比上年末减少85万人，其中城镇常住人口92071万人。全年出生人口956万人，出生率为6.77‰；死亡人口1041万人，死亡率为7.37‰；自然增长率为-0.60‰。

2020年12月，在第40届清华大学"中国与世界经济论坛"上，冯煦明研究员指出，中国存在着"人口世代断崖"问题。冯煦明表示，目前中国"90后"人口总数相比"80后"减少了1172万人，"00后"总人口相比"90后"又减少了4736万人。而根据各年《国民经济和社会发展统计公报》的数据估算，"80后"为22253万人，"90后"为20966万人，"00后"为16307万人，"10后"为16309万人（见图13）。

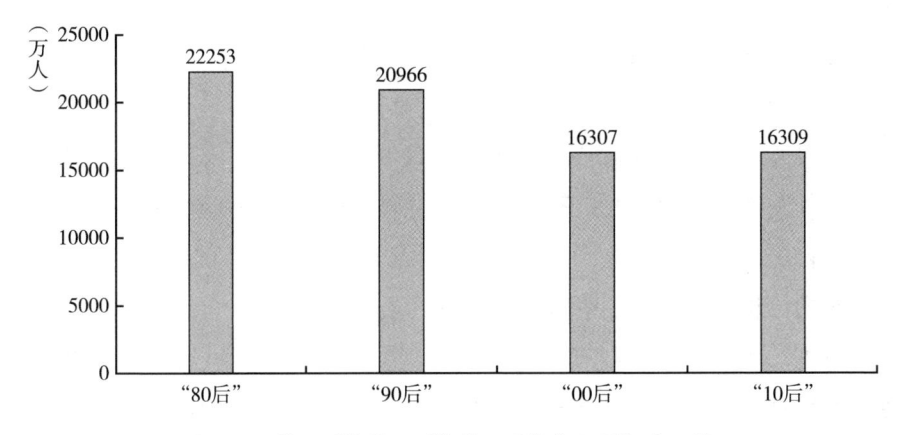

图13 "80后""90后""00后""10后"人口数

注："10后"人口指2010~2019年出生的人口。

从上述数据可以计算得出，"90后"比"80后"少了1287万人，"00后"比"90后"少了4659万人，而"00后"则比"80后"少了5946万人。

如今，年满18岁的适龄青年逐渐成为学车的主力军，因此，对于驾培行业而言，也就意味着学车人群增量基数将大幅下降。这已经提前给发展过热的驾培行业敲响了警钟。

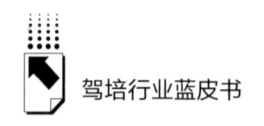

2. 疫情冲击，市场需求迟滞

2022年，疫情导致人口流动受限和经济活跃度下降，也导致学员学车意愿下降和支付能力下降。疫情反复持续冲击，学驾需求被抑制。然而，疫情过后，报复式学车潮并没有发生。尽管驾驶培训是刚性需求，一部分人只是暂时放弃了学车考证，但是对学费讨价还价的现象开始增多。

3. 市场失序，有待加强治理

交通运输行业的"放管服"带来了驾培市场的活力，也带来了一些区域行业管理比较吃力的问题。"一管就死、一放就乱"的怪圈在部分地区的驾培市场已经显现。对于区域驾培市场而言，所谓的"死"是指之前的行业"紧箍咒"多、培训考试需要指标，驾校有涨价冲动但政府定价限制了价格浮动，驾校创新发展动力不足；所谓的"乱"是指市场开放、行政审批改备案管理后，一些地区交通运输部门和公安部门信息不共享、学时不对接，驾校对学员自主约考无法把握，"黑驾校"泛滥，恶性价格竞争频发，市场秩序紊乱。

如果要深究一些区域驾培市场"一放就乱"的个中缘由的话，是因为之前培训和考试是对接的，管理部门的沟通渠道基本是通畅的。"黑驾校"未能直接进入考试的管道，但可以通过挂靠正规驾校与考试对接，这也导致了权利的寻租、转租和一些驾校校长的不思进取。

自主约考后，"黑驾校"（也包括"黑教练"）依附驾校打通考试管道的必要性大为降低，一些挂靠教练甚至是"黑驾校"所培训的学员可以直接连接考试部门，这在可以自报自考的地区更为明显。一些地区的驾校和运管部门对"黑驾校""黑教练"的技术管控措施完全失效。由于约考的流程和名额问题，驾校和学员都感到无所适从。以前是学员不知道教练能安排自己什么时候考试，现在是教练不知道学员自己安排什么时候约考，教练和学员的关系从一个方向走向另一个方向，服务的链条被打乱。

以前，运管部门对驾校的监管主要体现在事前监管（审批驾校，即驾校资质的行政许可）上，事中监管由于受理学员报考有考试部门形式上的配合（尽管有时配合不畅），但在管道对接（即驾校统一报考）的情况下，管理总体上是可控的；当然也存在一些弊病，如管得过死，包括对考试指标和招生名额进行严格控制等。

现在，在部分区域市场，事前监管基本放开，事中事后监管手段缺乏。例如，管理部门的执法力量不足，执法手段欠缺，个别地方存在为"黑驾校""黑教练"打招呼、说人情等现象，还有以罚代管、执法不严等问题。前后两端失守，管理部门进退两难。

简政放权不是撒手不管，不是放任自流，更不是"简"掉责任、"放"掉义务，而是政府应该充分发挥市场的主体作用，把市场的交给市场，少管那些可以由市场自行调节、自我完善的事情，以便让市场运转更畅通、更快捷，让发展更合理、更平衡。行政许可改为备案管理，并不意味着闸门放开、放任不管。在"弱审批"的同时，要进一步"强监管"。既要坚持提高审批效率，又要坚持严格备案监管。

管理部门是秩序的守护者、市场的守夜人。政府如何履行守护者、守夜人的职责？说白了，就是做好服务和监管。要充分用好这只"有形的手"，推动驾考、驾培无缝对接，让政府和市场相向而行。驾培市场在爬坡时就用力推一把，驾培市场在下坡时就帮忙控制力度和速度，不能让其失控；注意观察市场的走向和趋势，防止跑偏，一旦发现驾培市场混乱要及时出手纠正。

例如，针对学时对接问题，中国交通通信信息中心驾驶培训工作组对驾驶培训数据交换与服务平台的运行情况进行了分析，发现现阶段主要存在部分省区市驾培监管平台数据上传不及时、数据质量不高的问题，影响了系统应用效果的发挥。工作组建议建立全国驾培行业学员培训记录互认体系，加快推进全国驾培"一张网"工作，统一标准、统一尺度，形成全国层面实现基础信息、学员结业信息、驾培机构及教练员评价信息、处罚信息的共享与发布，打造行业数据化监管基础。

4. 同质竞争，管理较为粗放

由于在很长一段时间内，驾培行业的管制是比较严格的，具体表现在行业准入门槛上，得到管理部门的驾驶培训行政许可资质是很多投资人梦寐以

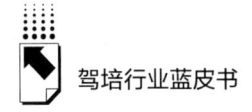

求的事情。管得过于严格的结果是，驾培行业供给短缺，长时间处于卖方市场。过去驾培市场需求的增长远大于驾驶培训供给能力的增加，导致长期以来驾校校长加强内部管理的动力不足，对教学服务质量不注重，品牌经营意识不强；教练员服务意识欠缺，经常以师父姿态自居；不少驾校采取松散的承包挂靠经营模式。

经过改革放开经营后，尽管这些年驾培行业的专业化、品牌化程度大幅提高，服务创新、营销创新的步伐加快，教学服务质量得到了长足的进步，学员的满意度大幅提升（投诉的主要焦点从"吃拿卡要"转移到了退学、退费上），但驾培行业的同质化竞争较为严重，一样的场地、一样的教练车辆、一样的班型，同样的产品、同样的服务，一定是比拼价格的。

常见的商业模式大致有两种：一是向更多批次的人卖出一样价值的产品和服务；二是向同一批次的人卖出更多有价值的产品和服务。在驾培市场需求见顶的当前，驾培行业采用第一种商业模式的经营方式较为困难，但采用第二种模式则大有可为。日本的驾校收费普遍在人民币 15000 元以上，奥地利的驾校收费普遍在人民币 9200 元左右，驾校需要提升教学服务和环境品质，提高含金量，提供性价比更高的教学服务，培养更多一生无事故、安全文明的合格驾驶人，让驾培行业真正实现价值回归。

四 机动车驾驶培训行业政策调整情况

随着交通运输行业"放管服"的推进，机动车驾驶培训的社会化、市场化进一步推进，国家层面的行业管理法规政策也逐步调整到位，行业治理体系更加健全。

（一）《"十四五"全国道路交通安全规划》发布

为贯彻落实党中央、国务院关于加强道路交通安全工作的系列重大决策部署，根据《国民经济和社会发展第十四个五年规划和二〇三五年远景目标纲要》《"十四五"国家安全生产规划》等，2022 年 7 月 21 日，国务院安委会办公室印发《"十四五"全国道路交通安全规划》。

该规划要求推动层层压实道路交通相关企事业单位和社会团体的安全管理、安全投入、产品质量、教育培训等主体责任和社会责任，强化车辆生产改装、车辆检验检测、驾驶人培训、道路建设养护、道路运输、货物装卸企业、客货运场站、物流园区等相关企业单位主要负责人、实际控制人的第一责任人法定责任。

该规划强调要提升道路交通参与者安全文明素质，着力提升驾驶人交通安全意识。

完善驾驶培训监管机制，强化驾驶培训机构落实教学基础设施设备、培训学时内容等要求，保证驾驶培训质量。健全完善驾驶培训教学体系，推动理论培训方式创新应用，强化驾驶人安全知识、规则意识、风险辨识能力培养。加强驾驶培训过程监管，强化驾驶培训与考试的信息共享。加强驾驶考试过程监管，建立以新驾驶人安全驾驶水平为核心的考试质量评估体系，实行严重交通事故驾驶人考试发证责任倒查。优化驾驶人考试内容与方法，完善面向规则意识培育的驾驶人考试机制，探索VR、人工智能等新技术在驾驶考试管理中的应用。主动适应人口老龄化、车辆智能化等社会发展需求，丰富车辆新技术、驾驶新要求等考核内容。健全完善职业驾驶人教育培训体系，提升重点驾驶人安全管理水平。建立交通安全信息综合服务平台，提供驾驶人全生命周期、全分类群体、全出行场景的交通安全知识服务。

该规划提出要实施全民交通安全规则意识提升工程，具体内容如下。

（1）交通安全宣传教育实践平台建设工程。推动各级政府与驾驶培训企业、学校、社区、村镇等单位建立交通安全教育联盟体系，推进地市、区县建设具有授课讲解、情景模拟、互动体验等方式功能的交通安全宣传教育实践基地。提质升级已建宣传教育基地，培育完善一批集学习、培训、教育、实践、服务为一体的交通安全宣传教育实践平台。到2023年，60%的地市、40%的区县建立交通安全宣传教育实践基地，至少建成10个交通安全宣传教育实践平台；到2025年，90%的地市、80%的区县建立交通安全

宣传教育实践基地，至少建成20个交通安全宣传教育实践平台。

（2）全民交通安全宣传教育融媒体平台建设工程。建设全民交通安全宣传教育融媒体中心，制定融媒体建设相关标准规范，推动信息内容、技术应用、平台终端、管理手段共融互通，提高交通安全宣传教育内容资源共享水平，形成交通安全宣传教育信息化服务体系。到2023年，至少建成5个省级和20个市级全民交通安全宣传教育融媒体中心；到2025年，至少建成10个省级和50个市级全民交通安全宣传教育融媒体中心。

（3）全国交通安全信息综合服务平台建设工程。研发全国交通安全信息综合服务平台，涵盖机动车驾驶人培训学习、模拟考试、安全出行知识等服务，为群众提供规范、全面、精准的交通信息服务指引，为全体交通参与者了解规则、学习规则、掌握规则提供权威平台环境。到2023年，实现部分功能模块试点应用；到2025年，全面推广应用。

（二）《机动车驾驶培训教学与考试大纲》发布实施

2022年3月24日，交通运输部、公安部联合发布了《机动车驾驶培训教学与考试大纲》（交运发〔2022〕36号，以下简称《教学大纲》），自2022年4月1日起正式实施。

《教学大纲》修订原则如下。

一是坚持安全底线。深刻汲取近年来道路交通事故教训，聚焦强化素质教育、避免依考定培，进一步强化防御性驾驶、应急处置等培训要求，切实筑牢道路交通安全第一道防线。

二是坚持便民惠民。充分考虑学员个性化需求，以及初学和增驾培训差异，分类施策、精准施教，适度调整部分增驾车型理论培训的学时要求，避免重复培训，精简考核环节，不增加学员学车成本和驾培机构负担。

三是坚持统筹衔接。既做好与相关法规政策的衔接，又对标道路交通法规调整、道路交通发展环境变化、机动车准驾车型调整、汽车新技术发展应用等新形势、新要求，统筹优化调整《教学大纲》相关内容。

四是坚持改革创新。统筹推动普通道路货运驾驶员职业素养与驾驶培训深度融合。积极利用虚拟现实、移动互联等新技术，稳妥有序推进教学模式创新，丰富教学场景设置，增强培训互动性、适配性和吸引力。

《教学大纲》修订的主要内容如下。

一是强化涉及安全驾驶能力培训的基础内容。完善高速公路通行规则常识、增加汽车辅助驾驶功能安全使用常识和新能源汽车技术及使用常识，满足安全驾驶实际需求；增加防范隧道事故、次生事故、自然灾害等情形下驾驶应急处置培训内容，提高应急处置能力；汲取近年来事故教训，增加不同行驶状态、典型道路环境等的防御性驾驶方法，强化驾驶员安全文明意识培养。

二是加强培训与考试制度的内容衔接。明确了C6车型培训内容、学时要求和教学培训项目；依据C2、C5车型考试项目调整，相应减少培训学时，保留坡道定点停车和起步培训项目，满足相应场景实际驾驶需求；针对部分车型取消的考试项目，相应调整了教学培训要求。

三是优化调整部分车型培训学时基本要求。针对初学和增驾学员差异化培训需求，对于增加C1、C2、C3、C4、D、E、F车型以及变更C5车型培训的，明确各省区市可适当调整理论培训要求；考虑到大中型客货车驾驶员培训实际需要和培训沿革，未降低其培训要求；明确各省区市可结合当地考试实际情况增加培训内容，并相应调整学时。

四是规范培训教学重点环节的服务要求。优化结业考核流程和组织方式，明确各部分考核合格后即可准予结业；考虑到"夜间驾驶""恶劣条件下的驾驶""山区道路驾驶""高速公路驾驶"等部分特殊场景培训教学实际需求，将驾驶模拟设备教学学时调整为不超过6学时。

五是落实普通货运驾驶员从业资格考试改革部署。落实《交通运输部办公厅关于做好道路货物运输驾驶员从业资格考试制度改革有关工作的通知》（交办运〔2020〕66号）部署，将普通道路货运驾驶员从业资格相关考试培训内容融入相应等级机动车驾驶培训，方便学员一次报名、一次培训。

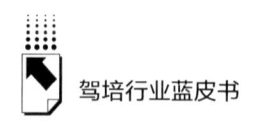

（三）《道路运输从业人员管理规定》修订发布

2022年交通运输部公布了《关于修改〈道路运输从业人员管理规定〉的决定》（交通运输部令2022年第38号）。《道路运输从业人员管理规定》（以下简称《从业规定》）于2006年颁布，经过2016年、2019年两次局部修订，对道路运输驾驶员、汽车维修人员、驾驶培训教练员等道路运输从业人员的从业条件、考试、发证、从业行为进行了系统规范。为进一步落实"放管服"改革要求，细化实化便民减负措施，需要对道路运输从业人员继续教育、从业资格考试制度、信息化管理制度、高频服务事项"跨省通办"等做出相应补充和完善。2022年修订的主要内容如下。

1. 调整从业人员继续教育范围

将现行的客货运输驾驶员、危险货物运输驾驶员继续教育"全覆盖"制度，调整为仅要求考核不合格的驾驶员参加继续教育，其他考核等次的驾驶员不再强制继续教育，减轻驾驶员负担。

2. 加强对道路运输企业主要负责人和安全生产管理人员的管理

依据2021年修订的《中华人民共和国安全生产法》，将道路运输企业的主要负责人和安全生产管理人员纳入调整范畴，明确了对两类人员知识、能力及考核的要求。

3. 落实"放管服"改革要求，进一步便利相对人

一是优化从业资格考试制度。将从业资格考试由定期组织调整为根据申请人申请组织，考试成绩公布时限和颁发资格证时限均由10日压减至5日，并要求计算机考试成绩现场公布，推进考试更加快捷、灵活、便利。二是补充完善4.5吨及以下危险货物运输驾驶员准入制度。取得普货运输驾驶员从业资格2年以上是危险货物运输驾驶员的准入条件之一，但因为4.5吨及以下普货运输驾驶员从业资格许可已取消，可能导致部分人员无法满足危险货物运输驾驶员准入条件。为了解决实际问题，补充规定从事4.5吨及以下普货运输的驾驶员可直接申请危险货物运输驾驶员从业资格。

三是优化从业资格相关管理制度。推行证件电子化、管理信息化，推进管理数据共享，实现高频服务事项"跨省通办"，让数据多跑路、群众少跑腿，提升服务效能。

4.落实不合理罚款清理要求，降低对货运驾驶员罚款额度

根据国务院不合理罚款清理工作部署要求，降低对普货运输驾驶员无证经营的罚款数额。

此外，《从业规定》提出鼓励机动车维修企业、机动车驾驶员培训机构优先聘用取得国家职业资格证书或者职业技能等级证书的从业人员从事机动车维修和机动车驾驶员培训工作。

（四）机动车驾驶教练员专业能力评价落地实施

机动车驾驶教练员专业能力等级评价是加强教练员管理、促进驾培行业高质量发展的需要，是抓好源头促进道路运输行业安全、有序、健康发展的需要。

2022年7月13日，交通运输部职业资格中心对机动车驾驶教练员专业能力评价项目的实施机构进行了梳理，公布了包括山东交通职业学院在内的首批《机动车驾驶教练员专业能力评价项目实施机构名单》（15家）。

截至2022年底，机动车驾驶教练员专业能力评价实施机构总数已增加至27家，经审核，四川交通职业技术学院、甘肃省庆阳市道路运输协会等正式入选第三批机动车驾驶教练员专业能力评价项目实施机构。

为更好地贯彻落实《机动车驾驶员培训管理规定》（交通运输部令2022年第32号，自2022年11月1日起施行），进一步提升机动车驾驶教练员专业能力和整体水平，在交通运输部职业资格中心的指导下，河北省道路运输协会、安徽省驾培行业协会等均已在全省组织实施，目前已成功举办多期交通运输专业能力评价培训班。图14为河北省机动车驾驶教练员专业能力等级评价第二期颁证仪式；图15为交通运输专业能力评价合格证书示例。

图14 河北省机动车驾驶教练员专业能力等级评价第二期颁证仪式

图15 交通运输专业能力评价合格证书示例

（五）《机动车驾驶员培训管理规定》修订发布

2022年10月2日，交通运输部办公厅发布《关于做好〈机动车驾驶员培训管理规定〉贯彻实施工作的通知》，该通知提出，为贯彻落实《国务院关于修改和废止部分行政法规的决定》（国务院令第752号）关于机动车驾驶培训许可调整为备案等部署要求，交通运输部修订颁布了《机动车驾驶员培训管理规定》（交通运输部令2022年第32号，以下简称《规定》），自2022年11月1日起施行。

《机动车驾驶员培训管理规定》于2006年出台，2016年主要根据国务院关于取消教练员从业资格证的决定进行了局部修订。但是，随着国务院"放管服"改革不断深化，以及行业的不断发展变化，《规定》已无法完全满足实际管理需求，亟须进行全面修订，以落实《道路运输条例》等上位法的修改要求，同时与近年来制修订的《机动车驾驶证申领和使用规定》等法规做好衔接，推动机动车驾驶培训市场高质量发展。

《规定》修订主要内容如下。

1. 建立备案管理制度

一是落实机动车驾驶员培训许可改为备案管理的要求，删除涉及行政许可的相关内容。二是明确备案材料要求、程序要求、备案公开监督要求以及不按规定备案的罚则，并对变更备案、终止经营等情形做出规定。三是在保留现有监管措施的基础上，落实国务院关于加强事中事后监管的要求，增加"双随机、一公开"、信用监管以及与公安、市场监管等部门加强联合监管等要求，强化行业自律。

2. 完善教练员管理相关规定

一是落实国务院关于职业资格评定改革要求，明确教练员实行职业技能等级制度。二是建立健全教练员聘用及管理制度，规定不得聘用教练员的具体情形，同时根据《中华人民共和国安全生产法》《中华人民共和国道路交通安全法实施条例》等的要求，增加教练员岗前培训规定和教学乘车安全规范，保障培训教学安全。

3. 规范驾培机构经营活动

一是要求驾培机构与学员签订培训合同，保障学员合法权益。二是规定驾培机构必须在备案的教学场地开展相关培训，减少无序经营、逃避监管等问题。三是新增学员满意度评价要求，完善驾培机构质量信誉考评制度，提

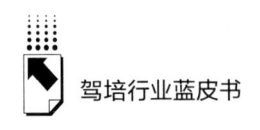

升经营服务质量。

4. 做好与相关法规的衔接

一是与《中华人民共和国外商投资法》《交通运输行政执法程序规定》进行衔接，删除了不符合外商投资管理制度的规定和涉及行政执法程序的重复内容。二是根据新修订的《机动车驾驶证申领和使用规定》，相应调整培训车型等内容。

五 地方层面的法规政策调整与典型创新做法

（一）广东开展机动车驾驶"智能驾培"试点工作[①]

为深入贯彻新发展理念，扎实做好中央"六稳""六保"工作，助力机动车驾驶培训机构降本增效、节能减排，推动驾培行业绿色低碳高质量发展，广东省交通运输厅决定开展机动车驾驶"智能驾培"试点工作。

试点要求以《交通强国建设纲要》为统领，以更好地满足人民群众多元化、高品质的驾驶培训服务需求为根本目的，坚持政府引导、市场主导、探索创新、技术驱动的原则，推进虚拟现实（VR）、人工智能（AI）、大数据等技术与驾培行业深度融合应用，积极开展智能驾驶培训模拟器、智能机器人教练车等新技术应用试点，形成可复制、可推广的先进经验和典型成果，充分发挥人工智能促进广东省驾培行业降本增效、节能降碳、转型升级的积极作用，助力驾培行业品质化、智能化、低碳化发展。

试点内容主要是依托交通运输部"道路交通安全文明素质教育"交通强国建设试点工作任务，通过试点驾校应用智能驾驶培训模拟器、智能机器人教练车在制度建设、行业标准、降本增效、节能减排等方面的积极探索，探索构建"VR+AI+实车驾驶训练"三位一体的智能驾驶培训新模式，培育

[①] 《广东省交通运输厅关于开展机动车驾驶"智能驾培"试点工作的通知》，广东省交通运输厅网站，http://td.gd.gov.cn/zcwj_n/tzgg/content/post_4088946.html，2023年2月2日。

特色突出、品质精良、学员满意的智能驾培服务品牌。在总结试点工作成效基础上，形成可复制、可推广的经验，更好地满足人民群众多元化、高品质的驾驶培训服务需求。试点时间从2023年1月至2025年12月，试点工作结束后将视情况在全省范围内推广应用。

（二）北京鼓励驾校更换新能源教练车[①]

"绿色驾培"是北京驾培行业的重要发展方向。2022年11月2日，记者从北京市交通委了解到，目前，北京市机动车驾驶培训教学大纲中已增加"绿色驾驶"培训内容，同时，交通部门还在强化驾培行业教练车的排放治理，引导驾校选择新能源车型。

北京市交通委员会驾驶员培训管理处副处长田汝鹏表示，"品质驾培、智慧驾培、绿色驾培"是目前北京市驾培行业的发展思路。其中，绿色驾培指以"绿色"为方向，培养绿色驾驶意识，普及绿色驾驶基本理念，增加绿色驾驶参与渠道，丰富绿色驾驶宣传形式；同时，普及绿色驾驶技能，新增绿色驾驶培训内容，改善驾驶员驾驶习惯，提高燃油经济性，降低空气污染物排放，助力实现国家碳达峰、碳中和目标。

为落实"绿色驾培"理念，北京市交通委制作了绿色驾驶教学视频资料，在机动车驾驶培训教学大纲中增加绿色驾驶培训内容，使学员能够在培训过程中学到绿色驾驶的方法，切实起到提高北京市绿色出行效率、普及绿色驾驶理念、培养广大驾驶员绿色节能驾驶意识和习惯的作用。

北京市交通委还在积极推进驾培行业节能减排工作，鼓励并支持北京市驾培机构主动承担社会责任。目前已有驾校建成新能源智慧驾培园区，充电桩数量和电容量规模为目前全国单体场站之最，布设新能源教练车800余辆，据测算，每年将减少二氧化碳排放量约6000吨。

同时，引导驾校将教练车更新替换为新能源车型。北京市交通委将新能

[①] 《北京鼓励驾校更换新能源教练车，教学大纲中已增加绿色驾驶内容》，新京报官网，https://baijiahao.baidu.com/s?id=1748377463066610199，2022年11月2日。

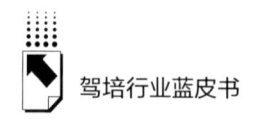

源汽车更新新增情况列为驾培行业信用评价加分指标,确定"年度 C2 教练车更新新能源汽车比例达到 20%的"加 5 分,以此鼓励驾培机构积极主动地将教练车更换为新能源汽车。

此外,强化驾培行业教练车排放治理,要求驾校建立《北京市驾培机构教练车排放污染防治台账》,定期按教练车实际行驶情况对台账进行动态调整,实时排查台账中行驶里程超出环保耐久性里程标准的教练车。各区管理部门发现实际行驶里程已超出环保耐久性里程标准的,限期按要求更换尾气净化装置,如逾期仍未按要求更换,及时按相关规定进行查处。

(三)浙江出台《浙江省机动车驾驶员培训行业专项整治行动方案》①

为深入贯彻落实《浙江省人民检察院检察建议书》(浙检行公建〔2022〕1 号)工作要求,根据《机动车驾驶员培训管理规定》《浙江省道路运输条例》相关规定,2022 年 11 月 9 日,浙江省交通运输厅印发了《浙江省机动车驾驶员培训行业专项整治行动方案》,决定在全省范围内开展机动车驾驶员培训行业专项整治行动。

该行动的工作目标主要是:进一步推动解决机动车驾驶员培训行业聘用教练员资格条件审核把关不到位、教练员法律意识淡薄、驾培行业监管不够严格等问题,全面提升教练员队伍素质和驾驶员培训质量,按照"综合施策、远近结合、数字赋能、标本兼治"的原则,深入开展教练员资格条件排查、教练员素质提升、动态管理机制强化、驾培监管服务数字赋能、行业执法检查五大专项行动,维护机动车驾驶员培训市场秩序,形成驾培行业监管长效机制。

---

① 《省交通运输厅关于印发〈浙江省机动车驾驶员培训行业专项整治行动方案〉的通知》,浙江交通,http://jtyst.zj.gov.cn/art/2022/11/14/art_ 1229114320_ 2447058.html,2022 年 11 月 14 日。

（四）深圳印发《深圳市机动车驾驶员培训机构及教练员综合评价管理办法》[①]

2022年4月29日，为客观评估机动车驾驶员培训机构及教练员综合服务水平，有效发挥考核结果的激励引导作用，促进企业加强管理、保障安全、诚信经营、优质服务，根据《机动车驾驶员培训管理规定》（交通运输部令2016年第51号）、《国务院办公厅转发公安部交通运输部关于推进机动车驾驶人培训考试制度改革意见的通知》（国办发〔2015〕88号）、《国务院关于深化"证照分离"改革 进一步激发市场主体发展活力的通知》（国发〔2021〕7号）、《广东省交通运输厅 广东省公安厅关于进一步完善机动车驾驶培训监管机制的通知》（粤交〔2020〕3号）和《广东省交通运输厅关于进一步完善机动车驾驶培训监管机制的实施意见》（粤交运〔2020〕197号）相关规定，结合深圳市驾培行业实际情况，深圳市交通运输局制定了《深圳市机动车驾驶员培训机构及教练员综合评价管理办法》，规定了机动车驾驶培训机构、教练员综合评价内容、综合评价体系及具体内容和计分规则、评价等级划分、组织实施等。

（五）临沂市印发《机动车驾驶教练员教学质量信誉考核方案》《机动车驾驶培训学员满意度评价方案》[②]

2023年2月24日，临沂市道路运输服务中心召开全市驾校工作座谈会暨全市驾校教练员教学质量信誉考核培训班，市道路运输服务中心副主任，市道路运输服务中心驾校科以及各县区道路运输机构驾校管理服务人员，全市驾校负责人、教练员管理负责人参加了会议。

---

① 《深圳市交通运输局关于印发〈深圳市机动车驾驶员培训机构及教练员综合评价管理办法〉的通知》，深圳市交通运输局，http：//jtys.sz.gov.cn/zwgk/xxgkml/zcfgjjd/zcfg/content/post_9770601.html，2022年5月10日。
② 《临沂市交通运输局召开全市驾校教练员教学质量信誉考核培训班》，信用交通·山东，http：//jtt.shandong.gov.cn/xyjt/jsp/shouye/xyjt/gzdt/nr_gzdt.jsp？ID=2389，2023年3月23日。

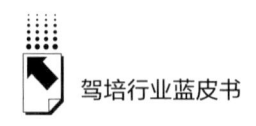

会上，平邑县汇报了开展教练员记分管理，构建以学员评价为核心的教练员智慧管理体系先进经验；蒙阴县介绍搭建驾培智慧服务平台、创新智慧驾培模式典型做法。会议传达解读了市道路运输服务中心印发的《机动车驾驶教练员教学质量信誉考核方案》《机动车驾驶培训学员满意度评价方案》，并就临沂驾培公共服务平台教练员管理使用功能进行了培训。

市道路运输服务中心副主任分析了当前临沂市驾校行业面临的严峻形势，要求各县区道路运输机构要有高度的敏感性，对辖区内驾培市场情况悉数掌握，对存在突出问题的驾校提前进行预警式约谈，防止出现社会舆情方面的问题。他还提出压实驾校主体责任、提升教练员队伍素质是我们当前要落实的重点工作。

（六）宿迁制定《宿迁市驾驶培训缴费及退费管理办法》

退学退费一直是驾培行业的难点，为了更好地服务群众，提高驾培行业的服务质量，宿迁市交通运输局从驾培行业实际查找原因，充分调研，并与宿迁市机动车驾驶人培训行业协会多次座谈，制定了《宿迁市驾驶培训缴费及退费管理办法》（以下简称《办法》），从 2023 年 1 月 1 日起执行，这标志着宿迁市驾培行业学员退费有规可循。

《办法》规定，全市驾培机构要结合培训实际，制定并形成本机构切实可行的学员缴费及退费配套制度，健全和规范培训收费标准，并向社会公示，接受学员和社会监督。驾培机构应根据驾培市场情况确定本机构具体培训收费标准，严格按照宿迁市机动车驾驶人培训行业协会培训服务合同范本，与学员签订培训服务合同。

驾培机构要规范高效解决退费纠纷，自学员提出退费申请后，驾培机构严格按照培训服务合同立即退费，最迟不超过 3 日完成钱款发放工作。驾培机构与学员退费中有争议的，可向辖区交通运输主管部门提出调解，交通运输主管部门须在 7 日内完成调解工作，调解达成一致意见的，驾培机构在 2 日内完成退费工作。

驾培机构与学员之间退费无异议或经交通运输主管部门调解达成一致意

见的，驾培机构未按时退款的，交通运输主管部门将予以通报。驾培机构与学员有退费纠纷时，经交通运输主管部门调解未达成一致意见的，可通过诉讼维权。驾培机构要提高服务质量，减少学员投诉，交通运输主管部门要加强对驾培机构学员退费投诉问题的督促管理，保证退费投诉问题及时解决。

（七）北京发布《北京市机动车驾驶员培训机构预收资金监管办法（试行）》（征求意见稿）

2023年2月28日，北京市交通委员会发布如下公告。为维护本市机动车驾驶员培训市场秩序，营造公平市场环境，保障学驾人和机动车驾驶员培训机构双方合法权益，依据《中华人民共和国消费者权益保护法》《北京市单用途预付卡管理条例》等法律法规，按照《国务院办公厅转发公安部交通运输部关于推进机动车驾驶人培训考试制度改革意见的通知》、《机动车驾驶员培训管理规定》和本市规范预付式消费领域资金监管相关文件的要求，北京市交通委员会会同相关部门制定了《北京市机动车驾驶员培训机构预收资金监管办法（试行）》（征求意见稿），向社会公开征求意见。

六 行业重大活动盘点及行业协会自律情况

（一）第十三届全国交通运输行业机动车驾驶教练员职业技能大赛落幕

2022年11月10~12日，由交通运输部、人力资源和社会保障部、中华全国总工会、共青团中央共同主办的全国行业职业技能竞赛——第十三届全国交通运输行业机动车驾驶教练员职业技能大赛全国总决赛在四川省成都市落幕。图16为竞赛现场。

本届大赛为单人竞赛项目，以各省、自治区、直辖市交通运输厅（局、委）为单位报名参加大赛，分为小型汽车驾驶教练员和大型货车驾驶教练员2个组别。现场裁判员认真负责，严格按比赛规则和评判标准计数、计分。经过各代表队和参赛队员的激烈角逐，职工组江苏省交通运输厅代表队

图16 竞赛现场

盐城交院驾驶培训有限公司王建琪获得第一名、河南省交通运输厅代表队驻马店通泰大型机动车驾驶培训有限公司唐慧获得第二名、浙江省交通运输厅代表队杭交投机动车驾驶员培训（桐庐）有限公司田伟华获得第三名。

参赛选手范围为交通运输行业从事使用机动车车辆及辅助教学设备，为培训对象传授道路交通安全知识和安全驾驶技能的一线从业人员。大赛采取理论知识竞赛和技能操作竞赛相结合的方式，技能操作竞赛包括规范化教学及场地驾驶技能。其中，理论知识竞赛成绩占总成绩的30%，技能操作竞赛成绩占总成绩的70%（规范化教学占40%，场地驾驶技能占30%）。规范化教学分为示范讲解项目和现场提问2项内容，竞赛用时为20分钟。

参赛选手采用现场抽签的方式，根据抽取内容以现场实车讲解的方式完成。示范讲解规范化教学竞赛项目包括上下车动作与起步前的检查和调整、驾驶操纵装置的规范操作等；现场提问的题目在规范化教学竞赛项目参考资料范围内组题，由参赛选手现场抽取回答。

场地驾驶技能操作竞赛项目分为小型汽车竞赛项目和大型货车竞赛项目，

选手通过在规定场地内在规定时间内完成实际操作的方式完成竞赛。小型汽车场地驾驶技能操作竞赛包括5个项目，依次为直角转弯、坡道定点停车和起步、曲线行驶、侧方停车和倒车入库，选手需在2.5分钟内完成所有项目。

大型货车场地驾驶技能操作竞赛包括6个项目，依次为坡道定点停车和起步、倒桩移库、曲线行驶、通过连续障碍、通过单边桥和侧方停车，选手需在7分钟内完成所有项目。

（二）第八届全国驾培市场创新发展大会在南京召开

2022年7月21~24日，由中国交通运输协会主办，江苏省机动车驾驶人培训行业协会、南京驾驶员培训行业协会、驾考宝典协办，中国交通运输协会驾驶培训分会、中国交通运输协会培训中心承办的第八届全国驾培市场创新发展大会暨驾驶培训分会年会在南京隆重举行，线下线上参会人员达1000人以上。图17为会议现场。

图17 会议现场

中国交通运输协会副会长兼秘书长李刚发言称，2022年是驾驶培训考试政策法规密集调整的一年，多部法律法规及配套制度陆续修订发布，这必将进一步推动机动车驾驶培训行业治理体系和治理能力现代化，也将充分发挥市场在资源配置中的决定性作用。截至2021年底，全国驾培机构达到21000余家，产能严重过剩，竞争日趋白热化。2022年下半年，驾培行业的

市场大环境不容乐观，中国经济面临多方面的压力和挑战。

他认为：发展是解决我国一切问题的基础和关键。驾培市场要往前健康发展，爬坡过坎，就一定要以"创新"为抓手，"理念创新"、"科技创新"和"营销创新"——三层创新一起合力破局，以全要素生产率形成新的动能，实现升级版的发展。

江苏省机动车驾驶人培训行业协会会长马洪泉、南京市交通运输综合行政执法局二支队支队长陈兆栋分别发表了热情洋溢的欢迎辞。

随后，举行了《中国驾培行业发展报告（2022）》发布仪式。该书由中国交通运输协会、木仓科技智慧驾培和道路交通安全研究院等共同编写，以"创新与规范管理"为主题，分为总报告、行业管理篇、市场发展篇、运营管理篇、科技应用篇五部分，全面研究和分析了2021~2022年中国机动车驾驶培训考试事业发展的最新动态。

木仓科技高级副总裁、驾考宝典总经理梁江华在大会现场演讲（见图18）中提到，驾培机构应积极推进集团化、品牌化、智慧化转型发展，向科技要生产效能、向科技要营运效率，以差异化竞争实现弯道超车，在转型中谋变，在逆境下破局。

图18 演讲现场

2022年上半年，在疫情反复和常态化防控的情形下，驾培市场发展经历了较为艰难困顿的时期，驾培行业也真正遇到了大考。

中国交通运输协会驾驶培训分会副秘书长熊燕舞分析了机动车驾驶培训考试改革前瞻及市场趋势，中国交通运输协会驾驶培训分会副会长、江西南昌白云驾校校长陈燕做了"疫情里突围 困境中破冰——疫情下白云驾校的思与行"，济南金诺驾校总经理谢云全做了"乘风破浪，扬帆远航——金诺驾校的革新之路"，贵州毕节阳光驾校董事徐方会做了"驾培人的理念转换与坚持"，湖北十堰亨运驾校副校长雷茂琴做了"找准定位、深耕驾培，做区域驾培行业标杆"等主题分享，给大家鼓劲加油，提振信心。

此外，中国交通运输协会驾驶培训分会秘书长刘治国，山东临沂正直驾校校长胡志强，山西幸福壹佰驾考集团市场总监常富星，中国交通运输协会驾驶培训分会副会长、河北燕赵驾校董事长邢海燕，江西赣洪驾校执行校长何晓平，云南驾来也驾校市场运营总经理苏海林，中铁二局贵阳驾驶培训有限公司市场部部长魏鹏，株洲攸县东风驾校副校长龙国娥，河南宜阳鸿驰驾校校长王晓东，甘肃静宁建宏驾校副校长李挺就如何打好2022年暑假高考生、大学生营销、品牌营销、全员营销攻坚战分享了先进的经验，介绍了可复制的方法。

针对以微信、抖音和快手短视频、小红书等为代表的新媒体迅速崛起的状况，辽宁本溪华航驾校校长王晓永等分享了抖音营销实操落地经验。

针对驾校如何利用机器人教练设备、新能源教练车、教学模拟器等新科技产品来开源节流，打造智慧驾培，中国交通运输协会驾驶培训分会专家委员会执行主任冯晓乐，吉利汽车大客户部东区商务总监郑多军，南京天保驾校副校长王高华，木仓科技高级副总裁、驾考宝典总经理梁江华，驾考宝典产品负责人张建林，小开智能副总经理卢丹，山东省日照市道路运输服务中心科长王力，百度地图新手导航产品经理肖丽娟，成都聚元驾驶员培训有限公司经理贺国全发表了自己的看法，提出了解决方案，共同描绘了科技赋能智慧驾培蓝图。

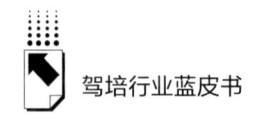

针对C6房车和摩托车培训市场，中国交通运输协会驾驶培训分会副秘书长熊燕舞、广东清远粤通驾校董事长黄卫星、郑州新交通驾培总经理石宛鹭、迷野房车CEO王福义、四川金驰驾校校长李虎、湖南益阳资阳驾校董事长薛谷明分享了各自的实践经验和研究成果。

（三）安徽省驾培协会二届三次会员大会暨第七届校长论坛举办

2022年8月30~31日，安徽省驾培协会二届三次会员大会暨第七届校长论坛在"中国古铜都"铜陵市顺利闭幕。来自全省各地的行业管理部门领导和会员单位代表200多人参加了此次大会。

在二届三次会员大会上，安徽省驾培协会会长汪修军向大会做了年度工作报告，安徽省驾培协会副会长王常香做了财务报告，安徽省驾培协会副会长吴海兵向大会报告了2022年工作计划。计划重点从加强自身建设，提升协会影响力；深入开展党建工作；深入会员调研，用心服务会员；协助政府开展工作，当好政府助手；开展内外交流、组织校长论坛，助推产业发展；开展专题培训，助力会员整体素质提升；加强协会间交流合作，搭建共享资源平台等方面开展工作。

此次同期举办的校长论坛（见图19），围绕"区域合作、共同发展"这一主题，探索如何推动安徽省驾培行业高质量发展，展开了精彩的分享和交流。各位演讲嘉宾本着各自对驾培市场的认知和理解，从思考市场变化和潜力等多个角度表达了真知灼见，为全省驾校的发展提供了一个高起点、高标准、高品质的交流平台。

论坛还邀请了中国交通运输协会驾驶培训分会副会长、江西南昌白云驾校校长陈燕女士做了精彩演讲。陈校长以自己驾校创新发展为案例，分享了在自媒体普及的今天，如何利用互联网思维打造"网红"驾校。

论坛结束后，安徽省运管服务中心车辆部江繁、省交通运输厅综合运输处施溢源分别做了讲话。他们充分肯定了这次论坛的成功举办，表示论坛内容丰富、学风正、效果好，对安徽省驾培行业存在的问题也讲得客观、具体、符合实际，并对安徽省驾培行业高质量发展提出了具有针对性和可操作

图 19 校长论坛会议现场

性的要求和意见，特别是就在全省建设健康有序的驾培市场中，如何做好学时对接提出了希望和要求。

（四）湖南省驾培协会召开"驾培行业当前市场分析与未来展望"座谈会

2022年6月，湖南省驾培协会召开了"驾培行业当前市场分析与未来展望"座谈会。省交通运输厅运输处，省交警总队车驾管支队，省运管局工会、驾培科、从业资格科、科教信息科相关领导和工作人员，以及全省14个地州市驾培机构负责人代表，共计46人出席了会议。

驾培机构负责人提出了目前驾培行业存在的教练场地不达标、不符合备案条件；"民牌"做教练车使用，"挂靠教练满天飞"，造成很多后患；行业协会自律不力等问题。请求行业主管部门加强监管，将相关法律法规执行到位，完善市场准入退出机制，并大力支持和扶持协会工作。大家都强烈要求交通交管两部门尽快落实《国务院办公厅转发公安部交通运输部关于推进

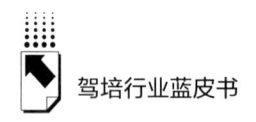

机动车驾驶人培训考试制度改革意见的通知》（国办发〔2015〕88号）精神，建好监管平台，实行计时计程、先培后付制度。

各主管部门高度重视大家提出的意见和建议，并做出了表态发言。省交警总队车驾管支队领导就强化两部门协商，形成合力；严格备案管理、严格培训监管；数据共享、学时对接；建立驾校及教练员"黑名单"制度；强化责任倒查，及优化考场环境等方面做出了表态发言。省交通运输厅运输处领导表示将严格备案标准，运用质量信誉考核手段，提升驾校管理手段，与交警齐心协力，适时开展计时计程系统对接工作，把好驾校准入关，完善驾校退出机制，提高综合管理水平，以保证驾培行业健康有序发展。

（五）广州市驾培行业协会倡议实施驾培学费第三方存管服务模式

广州市驾培行业协会发起自律倡议，全市驾校积极响应，自2023年4月1日起，广州全面实施驾培学费（部分金额）第三方存管服务模式，统一通过"穗学车"平台报名，实施部分学费存管，进一步保障学费资金安全和学员合法权益。

近年来，驾校因经营不善等原因引发倒闭破产的事件偶有发生，学员所交学费面临"打水漂"的风险。全面实施驾培学费（部分金额）第三方存管模式后，学员所缴纳的部分学费（2000元）由第三方进行存管，按照学车进度经学员同意后，分科目划拨至驾校，把学费划拨的主动权交到学员手里，进一步促进驾校提升培训服务质量，更好地保障学员合法权益。

"穗学车"平台涵盖了广州市所有提供小型车培训服务的合法驾校及备案教练场，在"穗学车"平台可查看所有驾校的考试通过率、诚信评价等级、教练场地等信息，学员在报名前可全面了解各驾校的培训服务质量及诚信经营状况。"穗学车"平台全面展示了各驾校的学车班型、价格、服务项目等内容，信息公开透明、一目了然；同时，可根据距离远近、考试通过率、诚信评价等级、场地区域、驾照类型等条件，对驾校进行排序和综合比对，择优选择心仪的驾校和班型报名学车，并采用行业协会统一培训协议，学员选择驾校更安心。

学员可通过手机端在"穗学车"平台便捷完成驾校和班型选择、培训协议签订、学费缴纳等报名全流程，无须到驾校现场，操作更加方便快捷。

（六）永州市机动车驾驶员培训行业协会大力推进行业诚信体系

2022年以来，永州市机动车驾驶员培训行业协会大力推进行业诚信体系建设，采用"信易+培"管理办法，取得了很好的实效。

为认真贯彻落实湖南省、永州市关于信用体系建设的相关文件精神，协会结合全市驾培行业实际，制定下发了《永州市机动车驾驶员培训行业信用体系建设实施方案》和《永州市驾培行业"信易+培"管理办法》。在实际驾培训练中，市驾协"一班人"高度重视，明确职责，强化督察和考核，全市驾培机构经过近一年的艰辛努力，克服了重重困难，想方设法让信用好的学员享受最优惠的培训价格，以及先培后付、先培后奖、机器人教学等优质服务，赢得了社会各界的广泛赞誉，取得了较好成效。

零陵区南方驾校、冷水滩区鑫凤帆驾校、道县恒富驾校等实行先培后付、先培后奖的机制奖励优秀培训学员，充分调动了驾培行业教与学的积极性；江华长青驾校、零陵好运驾校等注重教练员队伍诚信建设和机器人教学，诚信经营，诚信教学，优质服务，优化行业发展环境，促使驾校焕发新的生机与活力。

本文作者为刘治国、田汝鹏、肖虎、顾皓。刘治国，中国交通运输协会驾驶培训分会秘书长；田汝鹏，北京市交通委员会驾驶员培训管理处副处长；肖虎，河南省交通运输厅运输中心车辆技术与驾培处副处长；顾皓，临沂市道路运输服务中心正高级经济师。

B.2
2023年驾培行业发展预测

摘　要： 本报告对2023年驾培行业的政策走向和市场变化趋势进行了预测。2023年疫情影响基本消失，整体来看，机动车驾驶人总生源量不会减少，预计汽车驾驶人培训需求数量会有所减少，摩托车驾驶人培训需求数量会有所增加；高中毕业生越来越成为2023年市场竞争的焦点和重头戏；年轻学车群体的需求与驾校从业者的服务之间存在差异，人口流动趋势给县级城市的驾校带来生源挑战；2023年驾校向科技化发展继续呈普及化趋势，驾校管理僵化、土地、拆迁等问题加快了驾培市场优胜劣汰的速度。

关键词： 驾培行业　驾培市场　智慧驾校　年轻学车群体

大疫三年，终于结束，意味着驾培行业最特殊的艰难时期已然过去。2023年，驾培行业能否回到2019年的状态，还是会遇到更大的挑战，抑或是厚积薄发得到更大的发展？本报告对此做了分析和预测。

从目前来看，驾培行业有自己的发展规律和路径，其发展惯性依然在发挥作用，2023年及往后各年，我们依然任重而道远。

一　2023年驾培市场面临的机遇与挑战

（一）2023年驾培市场的机遇

1.高考毕业生生源增加

根据历年高考人数统计，2020年参加高考人数为1071万，2021年参加高考人数为1078万，2022年参加高考人数为1193万。根据出生人口预测，预计2023年高考人数仍将突破1100万人大关。

因此，2023年高考毕业生数量很大，将成为驾培行业的主要生源。

2. 降本增效成为竞争的利器

在驾校经营过程中，驾校的固定成本基本稳定。驾校的竞争随着精细化管理升级，2023年将延伸到降本增效的竞争。无法压缩成本或没有能力压缩成本的驾校，将逐渐丧失竞争能力；具备降本增效能力的驾校将凸显其市场竞争优势。

根据中国交通运输协会驾驶培训分会"2023年全国驾培市场运行基本情况调查"（以下简称"2023年驾培调查"）结果，2022年有73.57%的驾校经营成本增加（见图1），这预示着在2023年降本增效不仅意味着驾校竞争力的提升，也将是整个行业的一项艰巨任务。

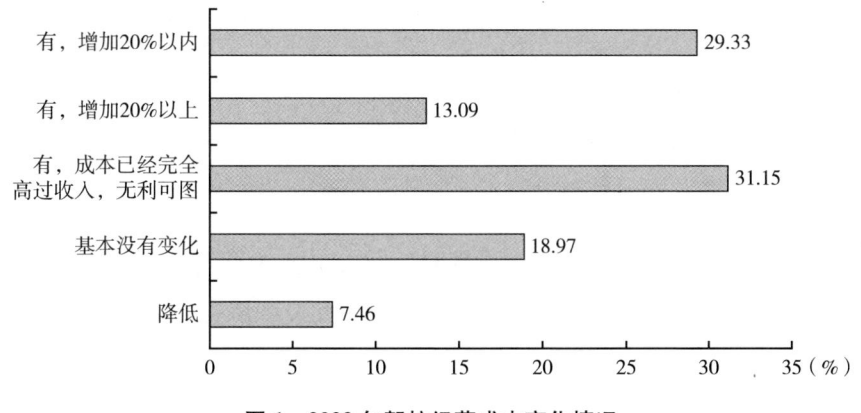

经营成本变化	占比(%)
有，增加20%以内	29.33
有，增加20%以上	13.09
有，成本已经完全高过收入，无利可图	31.15
基本没有变化	18.97
降低	7.46

图1 2022年驾校经营成本变化情况

从"2023年驾培调查"对驾培车辆采购需求的调查结果也可以看出，有52.44%的驾校表现出电动教练车采购需求（见表1）。有近30%的驾校表现出对教学模拟器、机器人教练设备的采购需求，这一方面说明驾校急需降低成本，另一方面，近年来正值驾校车辆更新高潮，驾校降本需求加上更新高潮，将使电动教练车、教学模拟器、机器人教练设备的需求呈上涨趋势。

表1　2023年及以后驾校对各种软硬件的需求

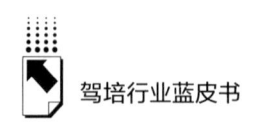

选项	小计	占比(%)
燃油教练车	370	30.65
电动教练车	633	52.44
驾校接送客车	127	10.52
摩托车教练车	164	13.59
机器人教练设备	336	27.84
智能教学模拟器	314	26.01
VR教学模拟器	168	13.92
二手教练车	199	16.49
社会化考场考试系统	173	14.33
润滑油/机油	83	6.88
驾校信息化管理系统	319	26.43
其他	139	11.52
本题有效填写人次	1207	—

（二）2023年驾培市场的挑战

1. 转学、退费学员数量增加

因为疫情，一部分大学生学员驾驶培训未完成就已毕业返回原籍，加上经济回暖还需要过程，部分外出人员在疫情期间及疫情后，也返回原籍工作生活，这将导致2023年转学、退费数量增加。

针对这部分学员群体，大多数驾校还没有制定出应对方案，因此需要在以下几方面做好准备。

首先，要对拟返籍人员提供更好的培训方案。要针对返籍学员设计便捷的培训服务计划或班别，重复挖掘、整合自己驾校的资源，让这部分学员能在转学和继续培训之间选择继续培训。主动筛选和发现拟返籍人员的流动倾向，在学员返籍前及时和学员联系，引导其完成培训。

其次，能接受返籍学员培训。2023年转入学员数量势必增加，大部分驾校是按照科目进行收费，并没有体现竞争优势，因此，对转入学员的培训服务及班别也应提前进行设计。

本地培训市场生源固定化现象已经无法改变。但是转入学员是一个新增生源群体，如果做好这个班别的特色教学，在当地转学市场形成较好口碑，将成为一个生源增长点。

最后，实行退费标准等的预先公示。2023年，学员退学转学需求会增加，退费现象也会随之增加。很多驾校在签订培训合同时，都不把退学退费列入合同项目，这将为退学退费纠纷的发生埋下隐患，建议在合同里增加退学退费内容，或提前公示退学退费标准。

2. 学员维权意识增强

根据2023年3月7日上海市道路运输事业发展中心公布的投诉情况，1~2月该中心共接到442起投诉，从投诉内容分析，市民主要诉求集中在退学退费问题上。这一方面说明驾校规范经营方面有待提高，另一方面反映了学员维权意识增强。

现在自媒体越来越普及，学员在维权问题得不到合理解决时，可能发布驾校的负面信息。所以签订培训合同，明确双方权利和义务，把各项费用明码标价、明确收费退费标准，不仅有利于维护学员的权益，也有利于维护驾校的权益。

减少或杜绝学员的投诉，要从两方面入手：一是打通学员投诉渠道，让学员的投诉、反馈渠道通畅，让学员投诉内部消化；二是提高驾校教学服务质量，让学员无可投诉之处。

3. 土地问题成为困境

随着全国各地城市化建设的进展，每年都有一批驾校因为土地性质不合规或城市建设规划调整而拆迁、搬迁。

越来越多的人看重学车时间，其中包括到校时间，这让驾校位置成为影响竞争的首要因素。一个位置最好、招生数量名列前茅的驾校一旦发生拆迁或搬迁，往往会沦为底部驾校。这给驾校的经营策略带来了挑战，因此有必要采取以下两个措施。

第一，布局多块训练场地。已经有部分地区允许一家驾校设置多块训练

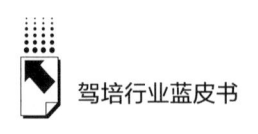

场地，如果当地政策允许，尽量提前布局训练场所。不但降低拆迁搬迁风险，同时也可以扩大生源范围。

第二，布局全城接送班。为了节约接送成本，尽量压缩学员到校次数，重新调整训练排课计划。尽量设计学员到校次数最少、训练效果不受影响的方案。

4. 消费降级导致利润下滑

三年疫情除了给驾校带来生源波动之外，还引发驾培市场消费降级，导致高价班别推广难度加大。消费降级，并不是所有的人都没了消费能力。原来一个班别或一种服务应对所有学员的模式，可以再进行细分，把有能力消费的部分学员找出来，提供个性化服务。通过部分学员的消费升级，缓和另一部分学员消费降级带来的利润压力。

5. 人口流动影响区域驾培市场的发展

随着我国以城市化、工业化为主的现代化进程的蓬勃发展，城乡人口迁徙量很大。一是农村地区的人口向城镇和城市转移；二是欠发达地区的农村人口向发达地区的城镇和城市转移。表2是我国城市化导致的区域人口变动情况。

第七次全国人口普查主要数据显示，全国人口共141178万人。10年来我国人口总量保持低速增长态势。全国有县级行政区1480个，户籍人口64049.19万人，常住人口51183.58万人，流出人口12865.61万人，可见县域流出的人口是比较多的。县域流出的人口一部分到了地级中心城市，一部分到了省会城市，一部分到了沿海发达地区的城市。

表2 我国城市化导致的区域人口变动情况

区域	农村	城区	人口变动情况
县及县级市	向省市县及北上广深都市圈流出	向省市县及北上广深等特大城市流出	总人口减少
地级市	向省市县及北上广深都市圈流出	向省市及北上广深等特大城市流出	总人口增加
省会城市	强省会、人口净流入	少部分向外省市县及国外流出	总人口大幅度增加（部分管制较严的直辖市除外）

国家统计局发布的数据显示,截至2022年末,城镇常住人口92071万人,比2021年末增加646万人;乡村常住人口49104万人,减少731万人;城镇人口占全国人口比重(城镇化率)为65.22%。

当人口向地级市、省会城市、沿海发达城市汇聚时,县级驾校生源量势必受到影响。在人口流动加强的大环境下,区域驾培市场的格局又会发生新的变化。

在"2023年驾培调查"结果中,驾校最关注的前三个问题依次为:行业规范、降本增效、疫情影响(见表3),主要围绕企业经营。而2022年最关注的前三个问题:学时对接、驾考政策、疫情影响,主要围绕驾培相关政策变化。由此可以看出驾校对实际经营管理开始更加关注,政策对驾培行业发展的影响将越来越小。

表3 2023年驾校关注的问题

选 项	小计	占比(%)
疫情对2023年的驾培市场有多大影响?	538	44.57
驾校劳务纠纷及法律风险如何防范?	337	27.92
短视频营销要不要投入精力去做?	440	36.45
地方行业管理部门主动作为,进一步规范行业	697	57.75
智慧驾培是不是驾培行业的一种趋势?	432	35.79
新能源车是否能全面在考场和驾校应用普及?	537	44.49
现在是不是驾校产权重组的好时机?	316	26.18
如何提高教学服务质量、降低各种经营成本?	631	52.28
驾校如何集约化发展和运营管理?	493	40.85
如何处理学员退学、转学退费的问题?	340	28.17
对驾校职业经理人/教练员怎么进行有效招聘和管理?	402	33.31
其他	54	4.47
本题有效填写人次	1207	—

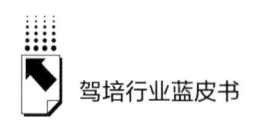

二 2023年行业政策发展方向及调整预测

（一）国家层面行业政策调整预测

1. 驾驶培训管理政策调整预测

2023年国家对驾驶培训政策做出大调整的可能性不大。《交通运输部办公厅关于印发2023年交通运输法制工作要点的通知》（交办法函〔2023〕123号）直接涉及机动车驾驶培训的内容很少，只在以下几方面有所涉及。

第一，推进行业重点法律法规立法进程。全力推动《城市公共交通条例》颁布出台和宣贯实施。积极配合开展《公路法》《铁路法》《民用航空法》《收费公路管理条例》《农村公路条例》《道路运输条例》等的立法审核。

第二，加强和规范事前事中事后监管。进一步提高交通运输监管效能，继续推进实施加强和规范交通运输事中事后监管三年行动方案，实现事前事中事后全链条全领域监管。

第三，持续提升政务服务、优化营商环境。统筹推进政务服务"一网通办""跨省通办"。扩大电子证照适用范围，深化信息互联共享，切实便企利民，进一步打造市场化法治化国际化交通运输营商环境。

预计2023年上半年，交通运输部制定印发关于推进道路普通货运驾驶员从业资格管理改革的通知，部署各地全面推进相关改革事项；会同公安部修订完善机动车驾驶人考试内容，将道路货运从业资格考试安全驾驶理论内容纳入大型货车（B2）、重型牵引车（A2）驾驶人科目三安全文明驾驶常识考试。

2023年6月底前，各省区市交通运输主管部门要按照相关改革工作部署，做好道路普通货运驾驶员从业资格证的申领发放工作，对于符合申领要求的驾驶员要及时发放。

2023年9月底前，各省区市交通运输主管部门要充分利用道路运政系统等信息化手段，开展道路普通货运驾驶员从业资格证件申领、发放、变更和注销工作；要做好道路普通货运驾驶员从业资格信息的数据上传、更新和共享，确保从业资格信息在全国范围内交互共享和互信互认。

小的调整方面，年内最有可能正式发布或出台征求意见稿的，是正在修订的国家标准——《机动车驾驶员培训机构资格条件》等。

2. 驾驶考试管理政策调整预测[①]

2022年，网上曾出现一张香港某驾校的自动挡重卡宣传照，把自动挡货车当作教练车来使用的驾校，这或许不是第一个。自动挡货车能否在内地普遍推广，驾驶培训考试相关政策是否会做出调整，值得关注。

众所周知，自动挡对于减轻工作强度、提高驾驶舒适性是一种最直接、最有效的手段，近年来渐渐被广大"卡友"所接受。尤其是随着自动变速器技术不断成熟，成本下降明显，自动挡卡车在市场中的份额也稳步增加。从目前的发展趋势看，在全国所有车企的高端重卡中，几乎所有车型都能选装自动挡，进口车则全部标配自动挡，对于自动挡车型，人们的看法应该说已经有很大改观。

事实上，早在2021年召开的"两会"上，全国人大代表李小红就建议，增加自动挡货车驾驶证，借此解决货车司机不足的问题。

该提案首先是借鉴小型自动挡汽车C2驾驶证类别的成功经验，由公安部门修订《机动车驾驶证申领和使用规定》，增设A4、B3自动挡货车驾驶证；其次是通过修订《机动车驾驶培训教学与考试大纲》，来配套增加A4、B3类别货车司机培训的课时和内容。其实增设自动挡货车驾驶证类别的建议并不是第一次被提出，早在2020年6月8日，北京福田戴姆勒汽车有限公司联合中国物流与采购联合会物流与供应链人力资源专业委员会、《中国交通报》、中汽兄弟（北京）信息科技有限公司、顺丰、京东等5家单位就共同发起过《增设自动挡卡车驾驶证类别公开建议书》，主要目的是缓解未

[①] 《自动挡重卡现身驾校，为了吸引更多年轻卡友入行？》，搜狐网，https://www.sohu.com/a/611782784_120104051，2022年11月30日。

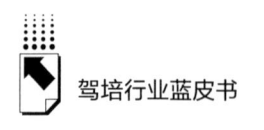

来卡车司机老龄化、短缺等问题。

根据中国物流与采购联合会发布的《2021年货车司机从业状况调查报告》，目前我国货车司机的年龄集中在36~45岁，占被调查货车司机的48.7%；46岁以上货车司机占比为25.8%，35岁以下司机占比为25.5%，其中25岁以下司机仅为1.4%。这说明"70""80后"依然是绝对的主力，全年龄梯队断层明显，中老年龄段向上迁移、青年货车司机的占比下降。卡车司机的老龄化问题也将越来越突出。

当前来看，从事运输行业的大多数"90后"乃至"00后"，入行时会选择门槛比较低的轻微卡市场，毕竟，不需要"双证"，持有C类驾驶证就可以从业。反观A2驾驶证，考取难度大、周期长，加上常年外出、工作强度高、生活不规律，休闲娱乐的时间也很少，对于年轻人来说确实没什么吸引力。

要知道，牵引车驾驶员的培训周期长，熟练驾驶牵引车需要时间与科技知识的不断累积，快速"恶补"的情况很少见，也很难实现，所以现在很多有经验的老司机在物流企业中相当抢手。为了让牵引车司机更具活力、年轻化，新版《机动车驾驶证申领和使用规定》（公安部令第162号）就将考取A2驾驶证的年龄放宽至22周岁以上，之前则是24周岁以上，准入门槛相对来说更低了；并且调整了考取的间隔时间，之前需要取得B2驾驶证满三年后才能考取A2驾驶证，现在满两年就可以申请了，间隔时间少了一年。

换个角度来说，人们从B2驾驶证增驾A2驾驶证，就算以最快的速度，也需要2~3个月乃至更长的时间才能取证，而如果增驾A4自动挡重卡的难度可以进一步降低，时间也可以缩短，可能会使从业门槛有所降低。

除了考取的难度更低之外，从吸引年轻人、提升卡车司机的从业人数方面，自动挡卡车或许也能发挥一定作用。

当然，这项工作能否列入驾驶考试的正式议事日程，相信有关部门会予以认真研判。

（二）地方层面行业治理方向调整预测

在地方层面，随着道路运输管理改革和运输部门职能调整到位、道路运输事业发展中心和交通综合执法队伍的建立健全，行业规范、市场整顿等专项治理的力度会逐步加大。

在推进专项整治的同时，行业管理部门也将进一步压实主体责任，要求驾校、教练员开展自查自纠，优化信用评价机制，形成整治闭环，全面促进驾培市场健康有序发展。

1. 驾培机构和教练员教学质量信誉考核有望常态化开展

目前，除了一些地方行业管理部门陆续出台教练员教学质量信誉考核办法之外，对驾培机构和教练员的质量信誉考核也将常态化开展。

案例1

2023年1月6日，长沙市机动车驾驶员培训管理服务中心发布了2022年度长沙市驾培机构质量信誉考核情况。经过综合考评，全市共有45家驾培机构被评定为AAA级（优秀）、70家被评定为AA级（良好），25家被评定为A级（合格），2家被评定为B级（不合格）。

质量信誉考核是对长沙市驾培机构培训质量、服务质量、经营管理等的权威评定，是驾培行业诚信体系建设的重要组成部分，将引导和协助驾培机构完善内部建设，更好地为学员提供全程优质服务，保障驾培行业高质量协调发展。目前，长沙市共有驾培机构176家，被纳入2022年考核的驾培机构142家，8家驾培机构因经营时间不足一年、26家无教练场不符合备案条件的驾培机构未纳入2022年度质量信誉考核。同时，长沙市2022年度教练员教学质量信誉考核结果同步发布，经驾培机构自评、驾培管理部门审核，共有517名教练员被评为优秀教练员。

2. 学费第三方资金监管成为一种趋势

2017年8月，全国首个驾考资金第三方监管学车模式在深圳诞生。在

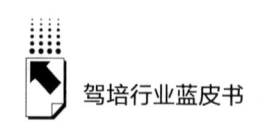

深圳市交通委和交警部门的支持下，自2017年11月起，深圳全市39家驾校全部实行资金第三方监管。凡是在深圳通过合法机构报名学车的学员，其学费将缴存至由深圳市驾培协会明文指定的第三方监管机构（银行）账户，再由深圳市驾培协会根据学员学车完成的进度，分阶段分批次拨付给驾校，学员无须担心学车过程中发生驾校倒闭而学车无门的风险。

从2022年3月1日起，银川市全面推行第三方支付平台的启用。通过第三方监管支付驾培服务模式的实施，在确保学驾双方资金安全的基础上，能够进一步增强学员学驾的知情权、选择权和主动权，从而形成学员至上、培训质量和服务水平为先的驾驶培训新格局。第三方支付平台的启用是由银川市机动车驾驶员培训协会提供签约银行账户，作为第三方支付银行结算业务机构，实行统一的培训学费；由银川市道路运输事务中心、银川市机动车驾驶员培训协会联合制定银川市统一的《机动车驾驶员培训合同》，各驾校均采用此制式合同。

为规范驾培行业经营，保障学员合法权益，自2023年3月10日起，江苏省张家港全市所有驾校均实行驾培资金托管。全市推广实施学员培训资金托管，驾校与江苏银行共同搭建"驾驶培训费第三方托管平台"，培训费由第三方进行托管。

截至目前，全国已有深圳、宁波、杭州、温州、青岛、苏州等多地启用了第三方学费资金监管还有济南、重庆等地正在推进和开展试点工作。第三方学费资金监管已经成为行业管理部门有效规范行业的一种新手段和治理方法。

3. 学时对接或驾驶培训考试信息共享继续推进

学时对接是新驾培大纲实施后运管部门和公安部门联合推进的一项工作，即运管部门的"驾驶培训监管服务平台"与公安部门的"考试系统"联网对接。对接后，驾驶培训与考试信息共享，这就意味着"考试系统"也将全面掌握学员的培训学时。

根据中国交通通信信息中心驾驶培训工作组对驾驶培训数据交换与服务平台2023年2月运行情况的分析数据，截至2023年2月，驾培平台共收到驾培机构信息20416家，其中：一类驾培机构2406家，开展计时培训业务的驾培机构1201家；二类驾培机构5418家，开展计时培训业务的驾培机构2656家，三类驾培机构12592家，开展计时培训业务的驾培机构4870家。驾培平台共收到教练员信息105.06万人，其中开展计时培训业务的教练员18.37万人，占比为17.5%。

近年来，多地已经开展了驾驶培训考试信息共享和学时对接，还有一些地区在陆续推进中。

2023年1月30日，记者从相关部门了解到，南宁市交通运输局与南宁市公安局交通警察支队将通过技术对接方式，在传统数据对接的基础上，在南宁市推广机动车驾驶培训计时与驾考联网对接，通过交管12123平台与市驾培监管平台接口进行考试前学时核查，如发现考生未按规定完成培训的将阻止其预约考试。

案例2

自2023年3月20日起，青岛市将试行山东省驾驶培训监管服务平台（以下简称"计时系统"）与互联网交通安全综合服务管理平台（以下简称"交管12123"）联网对接。平台对接后，预约考试时自动审核培训学时，学员必须完成相关科目的全部学时培训，才能通过"交管12123"预约相应科目的考试，学时不达标则无法预约考试。

据悉，根据山东省交通运输厅、山东省公安厅《关于做好驾驶培训监管服务平台与互联网交通安全综合服务管理平台联网对接工作的通知》的要求，为实现驾驶培训与考试信息共享，确保培训与考试有效衔接，3月20日，"计时系统"与"交管12123"已联网对接。对接后，能从根源上解决学员盲目约考成功后却无法进入考场的问题，也在一定程度上避免考试场次积压、约考难等现象，保障考试资源能合理、充分利用，同时驾校无须核查学员学时，优化学员管理，减轻驾校负担。

外地市转入青岛市的学员，原培训地学时可转入青岛市"计时系统"的，学员身份信息核查无误及对应科目培训学时达到《机动车驾驶培训教

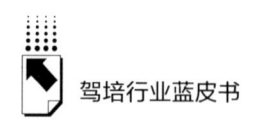

学与考试大纲》要求时，学员可通过"交管12123"正常约考。如原培训地学时无法转入的，需原培训地交通运输部门出具加盖公章的培训证明，经确认后才能约考。

4. 教练员岗前培训和再教育日益受重视

根据新的《机动车驾驶员培训管理规定》，要求对教练员进行岗前培训和再教育，北京、山东临沂等一些地方已经采取了行动。据悉，人民交通出版社股份有限公司正在制作相关网络课程和书面教材，计划2023年上半年全面推出。

案例3

2023年1月11日，北京市机动车驾驶员培训行业第一期"驾培大讲堂"举办。"驾培大讲堂"系列活动致力于加强北京市机动车驾驶培训教练员队伍建设，提高教练员教学水平和综合素质，践行按纲施教、文明施教、科学施教。原则上每两个月举办一期，主要讲解行业政策、标准规范、工作措施等内容。培训学时纳入年度培训计划，每期培训按4学时计算，按要求完成培训人员将获得电子"培训证书"。

本次培训邀请人民交通出版社高级研究员张琼博士解读新修订的《机动车驾驶员培训管理规定》。张琼博士结合自身从事机动车驾驶培训行业政策研究、参与修订《机动车驾驶员培训管理规定》《机动车驾驶培训教学与考试大纲》的工作经验，从修订背景、修订内容和贯彻落实等方面对《机动车驾驶员培训管理规定》进行深入解读。市、区两级驾培行业管理人员、市驾培行业协会秘书处负责人及各驾培机构主管教学校领导、相关管理人员、教练员等共计1000余人通过线上直播平台参加培训。

5. 摩托车驾驶培训有望更规范

近两年，全国摩托车驾考人数增长迅速，路面上摩托车"新司机"事故多发。如何加强摩托车驾考人的素质教育，引发了新闻媒体和民众的关注,也引起了行业管理部门的重视。

针对行业内存在的"一日摩托车培训取证",以及"学三轮、骑两轮"的现象,摩托车培训考试有待进一步规范。

案例 4

为了从源头规范、引导摩托车驾驶员提升安全意识、遵守交通法规、安全文明出行,推动预防和减少交通事故,北京市交通委员会于 2022 年 9 月 20 日印发《加强本市摩托车驾驶培训管理工作有关措施》的通知,提出用好科技手段,强化摩托车驾驶培训计时管理,研究在全市驾培机构推广"两轮摩托车安全驾驶实操培训"。

相关措施包括深化科技监管,加大驾驶培训线上管理力度,改造升级驾培管理系统,加装车载定位装置,优化完善约考流程,以计时管理精细化、精准化为抓手,实现摩托车人脸识别签到计时、培训后实时评价等功能,进一步保障学员学时权益,防范学时弄虚作假。

针对摩托车学员普遍存在"学三轮、骑两轮"的现象,结合三轮和两轮摩托车在驾驶方式、操作技巧等方面的差异,研究在全北京市驾培机构推广"两轮摩托车安全驾驶实操培训",在三轮摩托车规定科目的基础上,延伸增加一定学时的两轮摩托车实际操作培训,从源头强化提升摩托车驾驶技能。

三 2023年驾培市场需求侧发展趋势

(一)全国驾培市场流动性开始回升

2020~2022 年,全国人员流动性不足,导致大中型城市的大学生生源减少,2023 年大学校园的开放对大学生驾培市场会有一定的带动作用。

2023 年 2 月 28 日,国家统计局发布了《2022 年国民经济和社会发展统计公报》。公报显示,2022 年末全国就业人员 73351 万人,其中城镇就业人

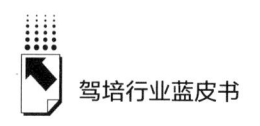

员45931万人，占全国就业人员的比重为62.6%。[①] 2022年，我国的城镇就业人员从2021年的46773万人减少至45931万人，减少了842万人。这是自1962年以来我国城镇就业人员首次减少。[②] 人口流入型城市将因城镇就业人员减少而迎来挑战。

根据教育部门公布的数据，2023年高校毕业生人数或将再次迎来新高，预计将比上年增加82万人，总人数将达到1158万人。[③] 在就业压力增加的同时，人员流动也会更加频繁，这将增加应届毕业生向二三线城市流动的可能性，再加上二三线城市的院校毕业生就地就业，他们将成为驾驶培训生源之一。因此，预计2023年二三线城市的生源不会有明显的减少。

（二）新能源汽车市场带动驾培市场转变

2023年2月，我国新能源汽车产销分别完成55.2万辆和52.5万辆，环比分别增长30%和28.7%，同比分别增长48.8%和55.9%。2023年1~2月，新能源汽车产销分别完成97.7万辆和93.3万辆，同比分别增长18.1%和20.8%（见图2）。[④]

根据中商产业研究院数据，我国新能源汽车销量即使在三年疫情期间仍然快速增长。这种消费趋势在2023年1~2月仍然表现明显。

根据"2023年驾培调查"结果，有52.44%的驾校表达了对电动教练车的采购需求。

[①] 《中华人民共和国2022年国民经济和社会发展统计公报》，中国政府网，http：//www.gov.cn/xinwen/2023-02/28/content_5743623.htm，2023年2月28日。

[②] 《-842万！城镇就业人员60年来首次减少》，观察者网，https://www.guancha.cn/politics/2023_03_01_681930.shtml?s=zwyxgtjbt，2023年3月1日。

[③] 《2023届高校毕业生预计达1158万人：明年起取消发放就业报到证》，教育部官网，http：//www.moe.gov.cn/jyb_xwfb/s5147/202211/t20221118_995344.html，2022年11月18日。

[④] 《中国汽车工业协会：2023年2月汽车工业产销情况简析》，新浪网，https：//finance.sina.com.cn/tech/roll/2023-03-23/doc-imymvqme9722216.shtml，2023年月23日。

2023年驾培行业发展预测

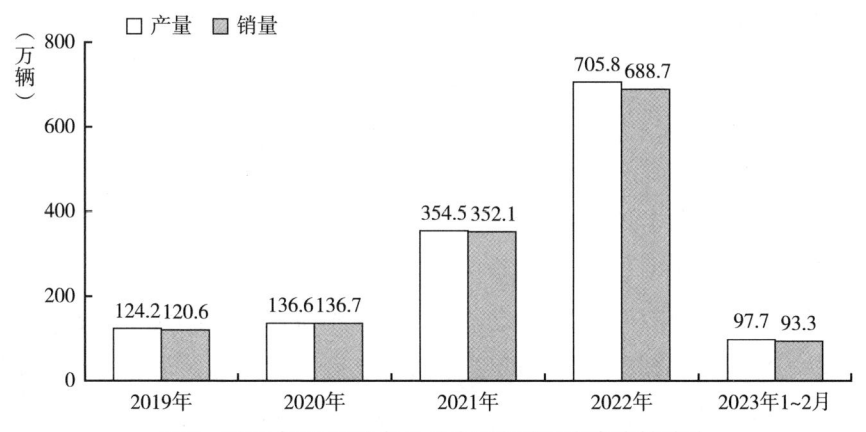

图2　2019年至2023年2月中国新能源汽车产销统计

资料来源：中商情报网（WWW.ASKCI.COM）。

案例5

上饶汽运驾校是一家具有38年历史的老牌驾校，是国有上市公司江西长运股份有限公司下属企业，目前在上饶经开区和信州区均有培训场地，年招生量近7000人，在上饶本辖区范围内名列前茅。其中上饶汽运经开区驾校占地85亩，是一家集小型自动挡汽车培训，科目二、科目三考试为一体的驾培机构，拥有良好的品牌知名度和美誉度。2022年，上饶汽运驾校积极推广新能源车辆的使用，达到了降本增效的目的。

上饶汽运驾校的自动挡学员占比近50%。结合国家大力推广新能源汽车的政策方向，以及新能源汽车能耗低、成本小、无噪音、易操控的优势，驾校自2022年6月起购买了5辆新能源教练车，不仅满足了学员对自动挡新能源汽车学驾的实际需求，而且单车油耗成本节省了近80%，有效地实现了降本增效的目的。为进一步推进新能源教练车的更新使用，驾校计划继续增加新能源汽车的采购数量，这对本地行业内新能源教练车的推广普及起到了一定的示范带动作用。

根据公安部公布的"2022年全国机动车和机动车驾驶人数据"，2022年全国新注册登记新能源汽车535万辆，占新注册登记汽车总量的23.05%，

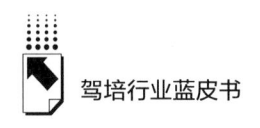

与上年相比增加240万辆，增长81.48%。新注册登记新能源汽车数量从2018年的107万辆增加到2022年的535万辆，呈高速增长态势。①

新能源汽车销售总量及占比的高速增长，势必带动C2车型机动车驾驶人占比的增长，驾校对新能源教练车的需求强烈。除了能够降低成本的因素外，电动教练车与C2车型的教学也更加匹配。因此，将来一二线城市甚至有可能出现全部由C2教练车组成的新能源绿色驾校。

新能源绿色驾校完全匹配C2教练车型，不需要模拟自动挡装置。C2车型的学习从科目一到科目三考试仅需20天，可以大大缩短学车时长；科目二、科目三考试项目各减少一项，考试难度大幅降低，考试通过率更高。随着学员的实际驾驶需求越来越明晰，预计2023年C2车型的学员占比将继续增加。

（三）摩托车培训市场继续升温

强制性国家标准《电动自行车安全技术规范》（GB 17761—2018）从2019年4月15日开始正式实施，自此国标发布之日起，全国各地交管部门开始对超标电动自行车进行查处。

根据规定，电动车分为电动自行车与电动摩托车两大类。对于不符合电动自行车强制性国家标准的电动两轮车，应纳入机动车范畴，按照电动摩托车或电动轻便摩托车产品进行管理，办理牌照及获得驾照的流程跟机动车类似。这一政策成为驾校开辟摩托车业务的切入点。

在考摩托车驾照的学员中，除了通勤或者短途出行的上班族和摩托车骑行爱好者外，还有不少是快递员、外卖骑手。虽然一些城市在城区范围内实施了"限摩令"，但摩托车注册量和驾驶培训量仍然在增加。

根据《北京晚报》报道，2020年北京市摩托车驾驶培训市场达到了25%的占比。公安部发布的2022年摩托车保有量，占比接近20%。

---

① 《公安部发布2022年全国机动车和机动车驾驶人数据》，人民网，https：//www. 360kuai. com/pc/97f0a95099f1f2c03？cota＝3&kuai_ so＝1&sign＝360_ 57c3bbd1&refer_ scene＝so_ 1，2023年1月11日。

根据"2023年驾培调查"结果，2022年驾校学员咨询报名摩托车、新能源电动车的人数，近40%的驾校呈增加趋势（见图3），说明摩托车、新能源电动车培训需求旺盛，预计摩托车、新能源电动车培训在2023年仍会呈增长趋势。

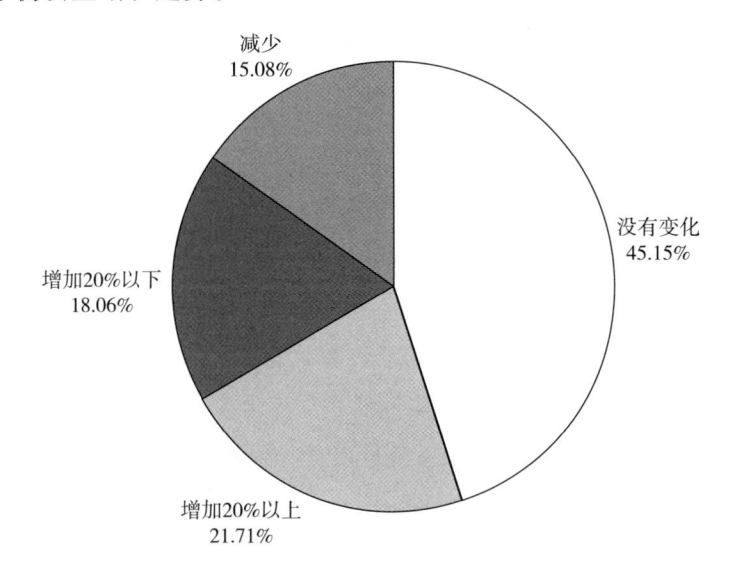

图3　2022年摩托车、新能源电动车咨询报名情况

当然，这也给汽车驾驶培训市场带来了一个严峻的考验：机动车驾驶人总人数基本平稳，摩托车驾驶人数量增加，代表着汽车驾驶人数量在减少！

案例6

江苏盐城交院驾驶培训有限公司是一家国有直营驾校，有城南新区和开发区2块训练场，面积近200亩，拥有各类型教练车96辆，主要提供A1、A2、A3、B2、C1、C2、C6、D、E、F车型的培训服务，以及从事小型客车和摩托车驾驶教练员从业能力培训评估、汽车租赁等业务。

近几年来，摩托车驾驶培训业务正在兴起，但江苏省驾协从未举办过摩托车驾驶教练员从业能力培训评估工作，更没有相关"规范"和"体系"。教练员是驾校发展的脊梁，是驾校事业发展的重要保障，而对摩托车驾驶教

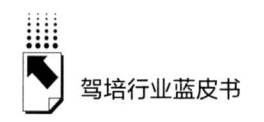

练员从业能力的评估工作因为缺少培训方案难以开展。盐城市交通执法支队和驾协想驾校所想、急驾校所急，要求盐城交院驾驶培训有限公司机动车驾驶教练员评估点迅速拿出符合实际需求的规范性培训方案。

2023年2月，盐城交院驾驶培训有限公司参照C型车驾驶教练员从业能力培训评估办法，制定了对摩托车教练员先脱产集中培训后评估的方案，评估员为具备省级资格的交通执法支队、驾协、评估点和驾校的代表。同期举办江苏省首期摩托车驾驶教练员从业能力培训评估班，参培22名学员合格20名，对合格的学员发放了"评估证明"。

为做好培训评估工作，盐城交院驾驶培训有限公司进行了以下工作。一是组织编写全省第一版"摩托车驾驶培训教练员评估规范"试行本；二是编排课程（包括理论知识、教案编写、教学能力、实际操作）及课时，制作课件；三是按"国标"建设"实际操作"评估场地；四是选聘行业专家、本专业研究人员、国家技能大赛金牌教练员、省市技能大赛获奖选手等专业理论和实践经验较强的同志担任教师；五是编写摩托车驾驶教练员评估题库并安装进考试系统；六是加强培训和评估的过程管理；七是后勤保障更具人性化。在各个项目试行过程中，盐城市执法支队和市驾协领导多次到现场进行指导，保证了评估工作的规范性和科学性。

（四）"00后"成为主流学车群体

根据中国交通通信信息中心提供的数据，全国综合学车人群正在迅速年轻化，图4为2023年2月报名学员年龄分布统计，"00后"学车人群占比高达38.4%。

根据2022年长沙市机动车驾驶员培训市场信息，2021年长沙市累计招收新学员258568人。从性别分布来看，男性学员占比49.2%，女性学员占比50.8%。从年龄结构分布来看，18~25岁学员占比52%，26~35岁学员占比27%，36~50岁学员占比16%，50岁及以上学员占比5%。

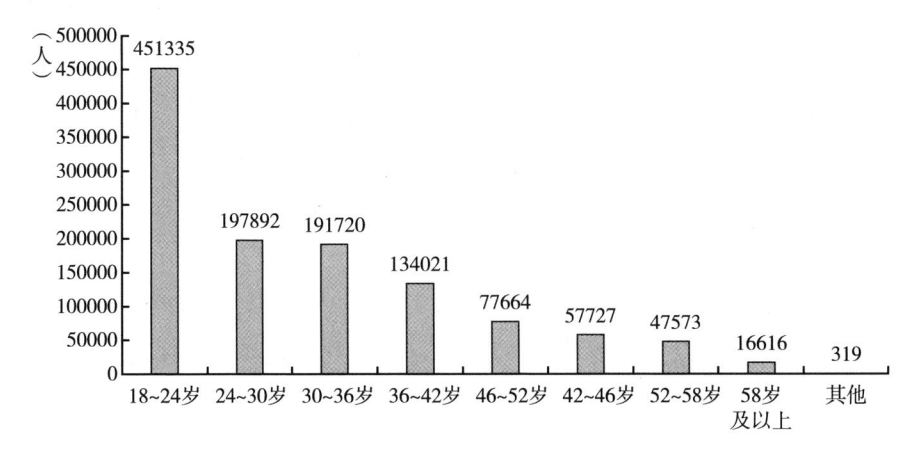

图4　2023年2月报名学员年龄分布统计

（五）学员的需求呈现多样化

1. 年轻学员的服务要求更高

现在的学车群体以年轻人为主。年轻人的学车需求已经不仅仅是学车或取得驾照了，有些驾校反映，有的学员报完名了，也不愿来学车，要"喊"多少遍才能喊来。其中部分原因是大部分学车场景仍然很无聊、枯燥。而年轻人的消费需要好玩、炫酷。他们对新鲜事物感兴趣，会去一些网红店频繁消费，而大部分驾校的教学服务还满足不了他们对"好玩、炫酷"的需求。

在消费服务上，年轻群体出入的都是时尚潮流消费场所，而这些场所之所以成为潮流，就是因为大部分场所的服务水平高于服务业平均水平，甚至属于服务业高端水平。当他们把驾校的服务和这些消费场所进行对比时，就会对驾校的服务提出新的要求。他们善于利用媒体去表达自己的消费体验，而这对驾校的服务提出了更高要求：学员不但可以学车，还可以炫耀学车。当然如果是负面体验，年轻的消费群体也会利用各种媒体传播出去。

2. 老年学员需要个性化服务

随着公安部"放管服"政策对学车年龄的进一步放开，老年学车人数呈逐年增加趋势，且年龄呈上升趋势。

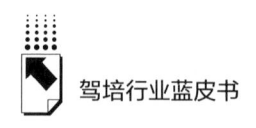

老年学车群体是最具有消费潜力的一个群体，具备高消费水平。老年学车群体学车、买车都是为了满足自己的驾驶梦想，最典型的特点是消费能力强，对价格不敏感，驾培机构可以单独设计针对老年群体的高客单价产品。

老年学车群体时间充足，对技能培训需求强烈，转介绍能力强，有个性化培训要求。这对驾校设置私人定制服务提出了新的要求，也是驾校新的利润增长点。

随着中国老龄化的加速，老年学车人数会逐步增加，针对不同年龄、不同需求的老年人，可以探索提供"一对一"的定制型个性化学车服务。

3. 兴趣学员呈上升趋势

自2022年4月1日起实施的《机动车驾驶证申领和使用规定》（公安部令第162号）新增"轻型牵引挂车"准驾车型（C6）。截至2022年底，已取得C6准驾车型的驾驶人达44万人，这更好地满足了人们驾驶小型旅居挂车出行的需求，促进房车旅游新业态发展。

随着新冠疫情的结束，2023年旅游市场势必会出现爆发现象。C6学员作为一个兴趣型学车群体，会得益于旅游市场的爆发成为驾培市场的一个增长点。

因为C6是增驾车型，学员一般都具有驾驶基础，所以，对驾校而言，C6不仅是生源的增长点，还是驾校利润的增长点。

四 2023年驾培市场供给侧发展趋势

（一）驾培机构自然淘汰加剧

1. 驾驶培训市场离散度高，服务亟须规范

我国机动车驾驶培训行业一直极度分散，自2013年驾考改革以来，经过数轮市场洗礼，到2022年形成了以下特点。

第一，驾驶培训市场比较分散。

虽然驾驶培训考试政策经过数轮改革，驾培行业经历了各种整合，也有

驾培企业在资本市场上市，但目前全国尚未形成规模化的驾培产业集群，以带动产业升级和发展，驾培市场现状依然较为分散。

第二，产能利用率严重不足。

因驾培市场"区域内市场恒定"，一个区域内每年产生的生源是基本固定的，在驾培市场放开后，驾校数量逐年增加，导致供大于求现象一年比一年严重，最终形成生源严重不足，驾校产能利用率严重不足，场地、教练车闲置的状况。

第三，管理水平参差不齐。

驾校管理大都处于松散化管理状态，人效、车效、坪效仍处于低水平管理状态，虽然一些年轻管理团队创始人开始重视驾校的效率管理，在管理水平、效率提升上有了很大改观，但并未引起整个行业的重视，各驾校管理水平依然参差不齐。效率低下会直接增加驾校运营成本，削减驾校本就不多的利润，这也是驾校亏损率高达60%的原因之一。

2. 场地、车辆更新促使驾校自然淘汰

随着城市化进程的发展，城区内的驾校越来越少，驾校只能重新寻找新的土地，2013年、2014年购买的车辆，又即将面临小型汽车10年报废的要求。如果驾校场地重新建设，车辆也要更新，几乎相当于重新投资了一家新驾校。面对行业大规模亏损现状，部分驾校势必会自然退出驾培市场。

根据石家庄市公安局交通管理局官方公众号"石家庄公安交警"发布的信息，2022年石家庄市共有164家在册驾校，其中113家驾校有参加考试记录（见图5），52家驾校2022年全年无考试记录。在113家有考试记录的驾校中，31家驾校全年考试人数在1000人以下，占比接近30%，考试人数最少的驾校全年仅12人参加科目一考试。

根据以上数据分析，部分驾校正在退出驾培市场，预计2023年退出速度会加快。市场自然淘汰显现的驾培市场分化，将有利于品牌驾校发展。预计2023年区域内头部驾校、品牌驾校，会产生生源吸流现象。管理水平低下、没有创新的驾校生存将更加艰难。

驾培行业蓝皮书

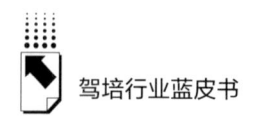

石家庄公安交警 >

111	汇通驾校	247	40.08%	617	21.72%	345	46.09%	272	77.94%	46.46%
112	盛和驾校	52	32.69%	57	33.33%	77	32.47%	46	69.57%	42.02%
113	御缘驾校	12	33.33%	54	29.63%	69	37.68%	55	61.82%	40.62%

注：
1. 合格率＝考试合格人数/考试总人数的百分比；
2. 综合合格率排名：科目一、科目二、科目三、安全文明常识考试的平均合格率；
3. 被交通部门责令暂停业务的驾培机构和没有全部科目考试成绩的新办驾培机构不列排名。

图5 "石家庄公安交警"发布的驾校参加考试记录情况截图

（二）驾培行业继续探索互联网化

交通主管部门一直在规范驾培市场，但产能过剩的现状导致驾培行业的互联网化探索仍任重而道远。

近年来，"趣学车""猪兼强""YY学车"因互联网概念而起，又因互联网式高歌猛进而退市，成为互联网驾校的先驱。驾培行业互联网化在幸存的以互联网概念为支撑的驾校中还在继续探索，但主要集中在营销招生方面。

根据"2023年驾培调查"结果，在传统驾校中互联网的应用，即使在招生营销方面也尚未开始全面探索。

根据数据统计，近80%的驾校通过互联网渠道招生的占比在10%以下（见图6），几乎可以忽略不计。从这个占比看，80%的驾校并未探索互联网化。

教学方面的互联网化，大部分驾校也仅仅在约车方面应用了互联网功能，真正采用标准化的互联网教学、提供互联网服务，并运用到教学服务的

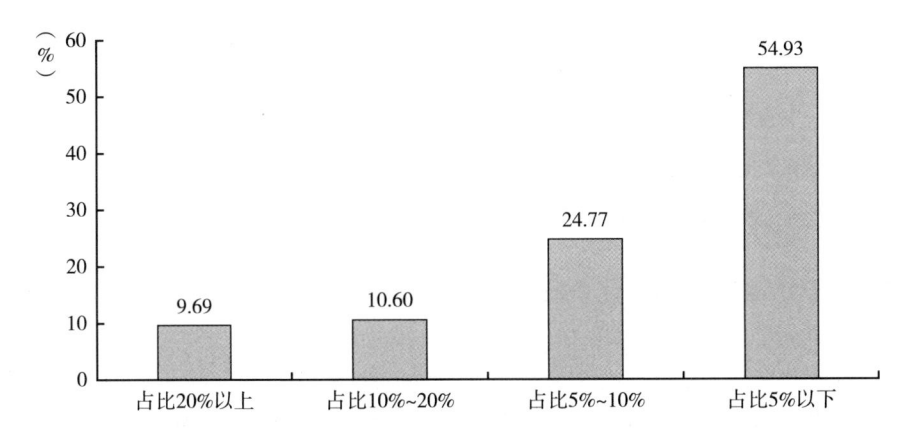

图 6　2022 年驾校互联网招生占比

整个链条上，还需要继续探索。

根据"2023年驾培调查"结果，在其他行业发展得如火如荼的直播宣传，在驾培行业仅有15.33%的驾校常态化开展（见图7）。现阶段，直播是网络营销的排头兵，但驾培行业在这方面仍是落后的。

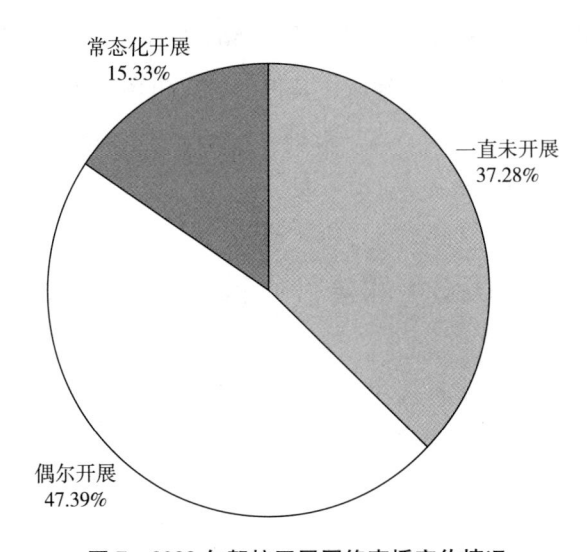

图 7　2022 年驾校开展网络直播宣传情况

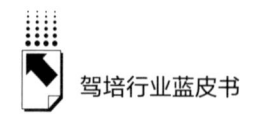

当然，这也说明驾校在直播营销方面的机会还比较多，还有比较大的红利可以分享。2023年驾校可以加大直播营销探索力度，尽早抢占发展的高速通道。目前仍有互联网驾培企业在局部区域内继续探索，说明互联网拥抱驾培行业的趋势和意愿仍然存在，"互联网+驾培"的趋势不会消亡，只是其模式仍需要探索中验证。

（三）驾培市场分化，形成一二三梯队

从目前发展情况看，即使经过数年发展，全国连锁驾校仍然任重而道远，有些已经上市的驾校虽有多家分校，但主要在区域内市场耕耘，并未实现全国"开花"。显然，2023年中国驾培市场发生大规模收购、兼并事件的可能性较小，区域化市场的格局不会有大的改变。

同时，部分区域化驾校开始做品牌深耕，持续进行品牌建设，成为当地品牌驾校第一梯队。头部品牌驾校在品牌建设、品牌投入方面会继续加大，底部驾校在投入方面会继续缩减，这将导致2023年驾校分化程度继续加大。

在一个区域内，一旦有驾校开始做品牌，就会产生分化，最终形成三个梯队。第一梯队：1家驾校，市场占有率50%以上；第二梯队：1~2家驾校，占有率20%~25%；第三梯队：其他驾校，市场占有率25%~30%。一个区域内如果没有品牌驾校，驾培市场会始终处于离散状态，在低水平竞争状态下无序发展、自生自灭，不成梯队。

五 2023年驾培行业科技化发展趋势

随着近年来驾培行业的逐步升级，智慧驾校成为驾校关注度最高的一个创新领域，驾培行业服务商通过AI、VR、大数据分析等技术为驾校提供SaaS管理系统、教学模拟器、机器人教练设备、路考仪等软硬件配套设施设备，让驾培行业向智能化发展又迈进了一步，部分驾校已形成了"智慧驾校"雏形。

根据"2023年驾培调查"结果，有约70%的驾校使用了教学模拟器或

机器人教练设备从事教学活动（见图8），说明驾培行业已经开始迈向智慧驾校发展模式。

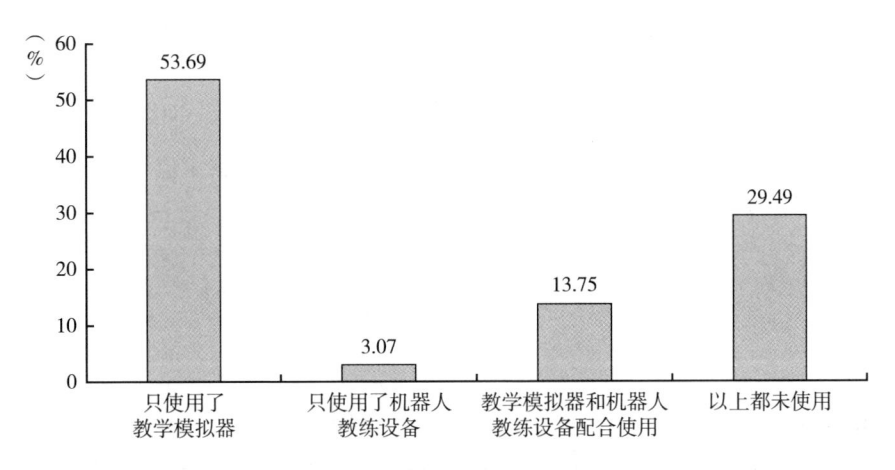

图8 2022年驾培行业应用教学模拟器、机器人教练设备情况

只使用了教学模拟器	53.69%
只使用了机器人教练设备	3.07%
教学模拟器和机器人教练设备配合使用	13.75%
以上都未使用	29.49%

ChatGPT的兴起，可能带动智慧驾校逐步向人工智能迈进，将驾校由人力密集型企业改造成教育科技型企业，在这方面将来可能会发生的变化如下。

（一）由硬件智能开始转向软件智能

现在驾校的智能设施设备主要集中在硬件上，将来将形成软硬件结合的智能教学场景，智能硬件将成为大部分驾校的标配。当智能硬件成为标配时，智能软件将成为智能驾校的一种突出体现。

例如，大数据分析功能可以根据学员的所有学车记录，分析出学员的驾驶习惯和驾驶倾向。根据这种分析报告，驾校可以为学员毕业后提供驾驶建议，持续跟踪学员安全驾驶状况，还可以据此为学员提供陪练服务。

（二）由被动智能转变成互动智能

目前驾培行业的智能化升级，还局限在被动智能阶段，大部分智能设备是通过驾校提出需求，由服务商实现功能，学员被动接受智能服务。如教学

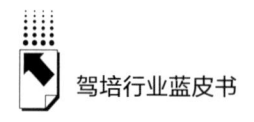

模拟器、机器人教练设备等的应用，都表现为学员被动接受智能服务。

ChatGPT的兴起，成为驾培升级的一个契机，学员接受驾校智能服务的形式将转变为互动式，学员可以根据大数据定时或实时提供给自己的研判报告，结合自己的需求选择相应的服务。

例如，现在的智能客服主要提供驾校设置的消息推送、训练考试节点提醒等被动服务；将来学员可以拥有一个自己的"智能客服专员"，由它为学员提供"一对一"的互动式服务。

六 结束语

驾培行业经过三年疫情，生源下降现象已经接近尾声，2023年小型汽车驾培生源将趋于稳定。随着汽车物流运输、汽车客运被高铁、自驾等方式替代，大中型客货驾驶培训市场仍不容乐观。

2023年驾培行业虽面临生源下降、利润下降、成本增高现状，但品牌驾校带来的分流红利、智能设施设备带来的效率提升，将让头部驾校更趋向品牌化发展。随着驾校分化加重，生源分流严重，那些落后的驾校教练员队伍老龄化，教练场地、教练车更新压力加大，其中部分驾校将自然退出驾培市场。

2023年随着车辆更新集中进行、C2车型占比继续扩大，新能源教练车普及率会有所提高，但不会形成大规模更新的状况。

教练员年轻化、高素质、高学历化，将继续成为2023年驾培行业从业者的发展趋势，而且换代会越来越来越快、越来越明显。

我国机动车化水平仍在深入推进，截至2022年底，我国千人汽车保有量仅225辆，每百户家庭拥有汽车仅60辆，驾驶人占人口的比重为32.3%。在汽车保有量大国中，美国千人汽车保有量最高，为864辆；紧随其后的是澳大利亚，千人汽车保有量为747辆；意大利为695辆；加拿大为670辆；而邻国日本，千人汽车保有量为591辆。相比之下我国千人汽车保有量仍有较大的差距，汽车增长仍有较大的发展空间，群众驾车考证需求规模依然庞大。

建议驾培行业管理部门和行业协会进一步营造公平的竞争环境，协调物价、市场、税务和相关执法部门，根据当地驾培市场现状制定出切实可行的合同范本、退学规范、退费标准、纳税标准，并由行政执法部门强化日常监管，为企业营造一个公平、公正的竞争环境，为驾校向质量型、服务型企业转变提供支撑；建议主管部门和驾培协会根据驾校培训质量和市场饱和情况，对社会进行定期预警；建议对进入行业的新投资者签订风险承诺书和行业自律书，防止经营不善给社会带来不和谐、不稳定的隐患，为行业规范经营提供保障；建议驾校投资人科学研判、开发市场，并采取驾校与学员签订培训合同等行之有效的办法，减少学员投诉和经营风险。

本文作者为安道利、牛文江、董强、邢海燕。安道利，中国交通运输协会驾驶培训分会专家，山东蓝翔驾校校长；牛文江，中国交通通信信息中心国交信息股份有限公司总经理；董强，中国交通运输协会驾驶培训分会副会长，四川省道路运输协会副会长，四川省道路运输协会驾驶培训考试分会会长，四川长征驾校董事长；邢海燕，中国交通运输协会驾驶培训分会副会长，河北燕赵驾校董事长。

行业管理篇

B.3
区域性驾培考一体化的探索与成效

摘　要： 驾培行业作为劳动密集型教育服务行业，与部分行业一样，在经营中也遇到了供求失衡、同质化竞争严重等突出问题。为彻底解决行业存在的问题，日照市多个部门协同联动，在计时培训与考试系统联网对接基础上打造驾培考一体化监管服务模式，重塑全流程、一体化的驾培行业新生态。未来，该模式推进过程中应把握以下重点：一是明确适用范围，二是严格按大纲培训，三是保证数据真实。

关键词： 驾培市场　驾培考一体化　计时培训　先培后付

一　驾培行业现状

近年来，随着机动车数量的增加，道路交通事故案件数量也呈上升趋势，下大力气预防、减少道路交通事故不仅是管理部门的一项重要工作，同时也是全社会共同的责任。道路交通事故涉及人、车、路、环境等诸多因素，而驾驶员是道路交通的"第一责任人"。公安部交管局数据显示，不安全驾驶行为、安全意识和安全操作技能不足等人为因素占道路交通事故致因因素的95%以上。

2004年，《中华人民共和国道路交通安全法》的颁布实施，揭开了机动车驾驶培训社会化的序幕，是我国道路交通事业全面走向法治时代的崭新开端，驾培行业迎来了从无到有的历史转折。据中国交通通信信息中心统计的数据，截至2023年2月28日，全国共有驾培机构20416家，教练员105.06万人，培训车辆84.56万辆。驾驶培训机构是学习安全驾驶理论和驾驶操作技能的学校，其培训质量的高低直接关系到培养出来的驾驶人行车水平的高低。因此，抓好驾驶培训这个源头是道路交通安全管理的关键所在。

驾培行业具有驾培机构数量多、体量大、资产重等特点，作为劳动密集型教育服务行业，与部分行业一样，在经营中也遇到了供求失衡、同质化竞争严重等突出问题，具体如下。

一是驾培机构管理缺失。主要是管理与经营"两层皮"，驾校依靠教练员招生，但对教练员的管理缺乏机制和办法，对教练员的违规行为缺乏制约手段；部分教练员素质不高，其自身定位模糊甚至没有尽到教练的职责，服务水平低下，导致投诉率居高不下、群众满意度不高等。

二是驾培市场的供求失衡致使行业无序竞争愈演愈烈。有些驾校和教练员以低于成本价的价格招揽生源后再巧设名目增收费用，扰乱了市场秩序。重操作技能、轻文明教育，不按大纲培训，学时缩水成为常态，培训质量差，很多学员即使拿到证也不敢独立驾驶。

三是驾培市场混乱。"黑驾校""黑教练""黑中介"查不绝、罚不完、打不死。坑骗学员钱物的事件时有发生，"以考代练""交钱包过"等扰乱正常教学秩序的行为大量存在。个别驾校出现挪用学员学费甚至卷钱跑路等违规违法行为，学员无法训练，员工拿不到钱，"烂摊子"甩给政府，正常经营的驾校也受其牵连。

上述问题始终困扰着驾培行业管理部门，阻碍着行业高质量发展，也严重影响群众对政府部门的评价，行业要求管理部门进一步规范行业现状的呼声很高（见图1）。管理部门如果放任自流，那么国家政策将逐步成一纸空文，这将严重影响政府公信力，驾校培训质量也将逐年下降，道路交通安全将受到极大冲击，人民生命财产安全将受到严重威胁。因此，改革创新现有的培训考试模式势在必行。

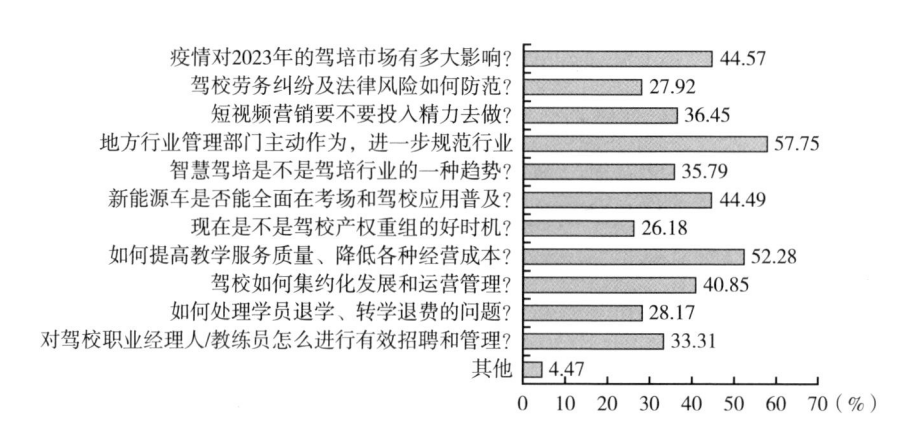

话题	百分比(%)
疫情对2023年的驾培市场有多大影响？	44.57
驾校劳务纠纷及法律风险如何防范？	27.92
短视频营销要不要投入精力去做？	36.45
地方行业管理部门主动作为，进一步规范行业	57.75
智慧驾培是不是驾培行业的一种趋势？	35.79
新能源车是否能全面在考场和驾校应用普及？	44.49
现在是不是驾校产权重组的好时机？	26.18
如何提高教学服务质量、降低各种经营成本？	52.28
驾校如何集约化发展和运营管理？	40.85
如何处理学员退学、转学退费的问题？	28.17
对驾校职业经理人/教练员怎么进行有效招聘和管理？	33.31
其他	4.47

图1 针对当下驾培行业最关注的话题的调查结果

二 学时对接，部门联合整治

针对行业存在的问题，日照的交通、公安两部门高度重视。两个部门存在不同的责任清单、不同的管理模式，因此"对接"是弥补管理漏洞的最好选择。

很快，日照的交通、公安两部门在思想和行动上达成了一致，依据《国务院办公厅转发公安部交通运输部关于推进机动车驾驶人培训考试制度改革意见的通知》、《公安部交通运输部关于做好机动车驾驶人培训考试制度改革工作的通知》以及《机动车驾驶员培训管理规定》等法律法规，于2019年8月联合制定了计时培训与考试系统联网对接实施方案（系统对接机制见图2），下发了《关于开展机动车驾驶人培训联合整治工作的通知》（日交发〔2019〕53号），细化工作任务和责任分工，明确"把住考试关，学时个个满，再造加规范"的工作措施，打响了机动车驾驶培训行业止乱治违专项整治行动攻坚战。

"把住考试关"就是公安交管部门对计时培训监管平台推送的数据进行把关并将其与考场闸机关联，无学时或学时不达标的学员一律禁入考场。自2019年10月1日起，全市驾培机构计时培训系统与省驾驶培训监管服务平台联网，省驾驶培训监管服务平台与公安考试系统对接。交通运输部门负责"全监管、计时培"，具体负责驾校的全面管理和计时培训阶段的学时审核、信息推送；公安交管部门负责"严把关、不漏网"，具体负责考场门禁系统管理，并为省驾驶培训监管服务平台推送的学时合格学员提供预约考试服务。

"学时个个满"就是严格培训学时管理。各驾培机构必须按照《机动车驾驶员培训机构资格条件》（GB/T 30340-2013）配备教练车、教练员和教学设施，安装使用符合"两个规范"的机动车驾驶员计时培训系统应用平台和具备防拆功能的计时培训系统车载计时终端，严格按照《机动车驾驶培训教学与考试大纲》规定的培训内容和学时进行培训，使用规范的教材，加强素质教育，突出安全驾驶、文明行车意识培养。各驾校将计时培训学时数据实时上传，阶段学时经属地交通运输部门复核后再由省驾驶培训监管服务平台推送给公安考试系统。

"再造加规范"就是按照新的模式进行机动车驾驶员培训考试流程再造，并逐步加以规范。交通运输部门按照许可（备案）的内容设置"基础和场地驾驶""道路驾驶"培训阶段的电子围栏，电子围栏外的训练学时一律无效，通过省驾驶培训监管服务平台市级应用端对全市驾校教练车、教练员和学员进行闭环管理。公安交管部门对有驾驶经历的人员实行白名单管

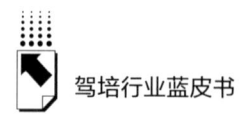

理，将原来的报名窗口前移到驾校端，关闭所谓"自学直考"报名窗口，"无学时不考试"，堵住了原来不通过正规驾校培训即可参加考试的漏洞。

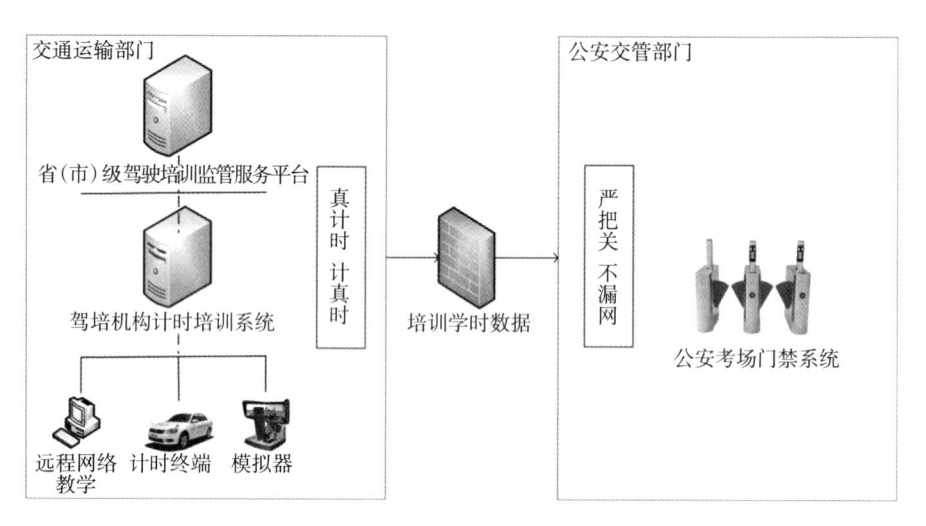

图2　计时培训系统与公安考试系统对接示意图

经过一年多的实践，联合整治工作取得了明显成效。一是联合监管凸显威力。通过学时对接工作，交通部门对驾校进行了全面梳理，对场地、人员及其他设施设备等对照行业标准进行了全面"体检"。符合标准的录入省监管平台，安装计时培训系统；不符合标准的限时整改，整改合格后纳入管理。对违规车辆或教练员通过监管平台实施停训调查，停训期间车辆、人员均不能进行教学活动，这直接影响违规人员的收入，起到了很大震慑作用。二是服务更加精准深入。驾培机构可通过计时培训系统企业应用平台后台了解学员的培训情况，既可精确查询学员的学习进度，做到有的放矢，也可借助该平台实施预约培训；公安部门通过后台数据，能及时掌握约考人员数量，及时调整考试时间或考试频次；对特殊学员实行白名单制，专人管理，登记造册，逐级审批。三是培训质量大幅提升。据统计，2020~2022年学员科目二考试合格率稳定在62%以上，比2019年提升了至少12个百分点；2020~2022年科目三考试合格率在70%以上，比2019年提升了至少13个百分点（见表1）。

表1 2019~2022年科目二、科目三考试合格率

年份	科目二 考试人数（人）	科目二 合格人数（人）	科目二 合格率（%）	科目三 考试人数（人）	科目三 合格人数（人）	科目三 合格率（%）
2019	102160	51356	50.27	104206	58793	56.42
2020	77379	48973	63.29	78598	56625	72.04
2021	98397	61338	62.34	82064	61420	74.84
2022	71685	47020	65.59	69232	49150	70.99

数据来源：作者根据平台数据整理而得。

日照市的学时对接工作得到了山东省交通运输厅、山东省公安厅的关注和肯定，但是还有很多工作需要推进，如低价恶性竞争问题仍然存在，计时收费、先培后付未能找到好的实施办法，行业诚信建设体系尚未形成等。

三 驾培考一体化平台搭建与实施成效

为彻底解决行业存在的问题，日照交通运输、公安交管、市场监管、大数据四部门协同联动，以服务民生为导向，以促进行业高质量发展为目标，逢山开路、遇水架桥，下决心颠覆原来的驾培考试模式，在计时培训与考试系统联网对接基础上注入新功能、拓展新效能，重塑全流程、一体化驾培行业新生态。

（一）模式构建

1. 模式定义

驾培考一体化监管服务模式是指在一定行政区域内，以贯彻《机动车驾驶培训教学与考试大纲》为基础，坚守安全底线，坚持便民惠民、改革创新的原则，构建集报名学车"一网通办"、先培后付、预约考试、服务评价、质量信誉考核、第三方资金监管及多部门协同等功能于一体的信息化便民服务平台（如图3所示），并据此优化教学组织方式，不断提高培训效率，确保

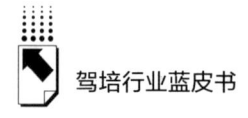

教学质量，保障市场高质量发展，提升人民群众安全感、获得感的一种智慧化服务模式。

2. 数据资源

主要是驾校学员个人信息、体检信息、报名资格审核信息、学员计时培训数据、模拟学时数据、有效学时数据、培训学时审核信息、培训机构公示信息、班型信息、教练员信息、分科目考试合格率、驾校满意率、学员即时评价、质量信誉考核、服务网点信息、培训服务费监管及清分结算等。

3. 数据来源

数据主要来自身份认证系统、计时培训管理系统、省（市）机动车驾驶培训监管服务平台、质量信誉考核系统、互联网交通安全综合服务管理平台、清分结算系统、无纸化审核系统等。主要涉及驾培机构、交通运输部门、公安交管部门、驾培行业协会、监管银行、学员及其他社会公众等。

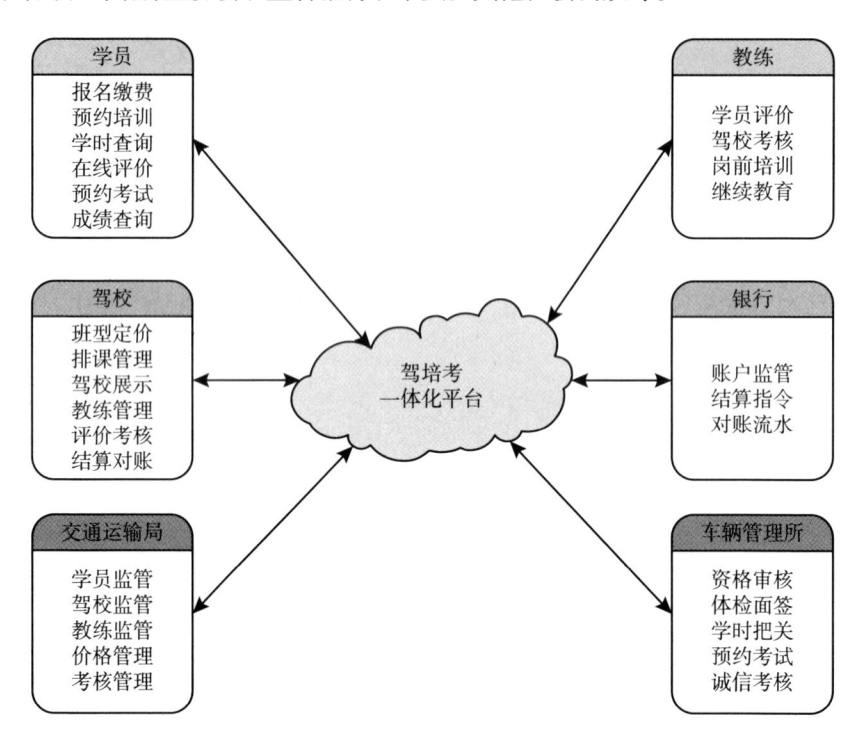

图3 驾培考一体化平台相关功能

（二）平台搭建

平台由微信小程序客户端、Web 管理端、质量信誉考核端、市级监管端、"学车超市"及数据交换端六部分组成，模块之间既相互支撑，又能提供独立服务（如图 4 所示）。

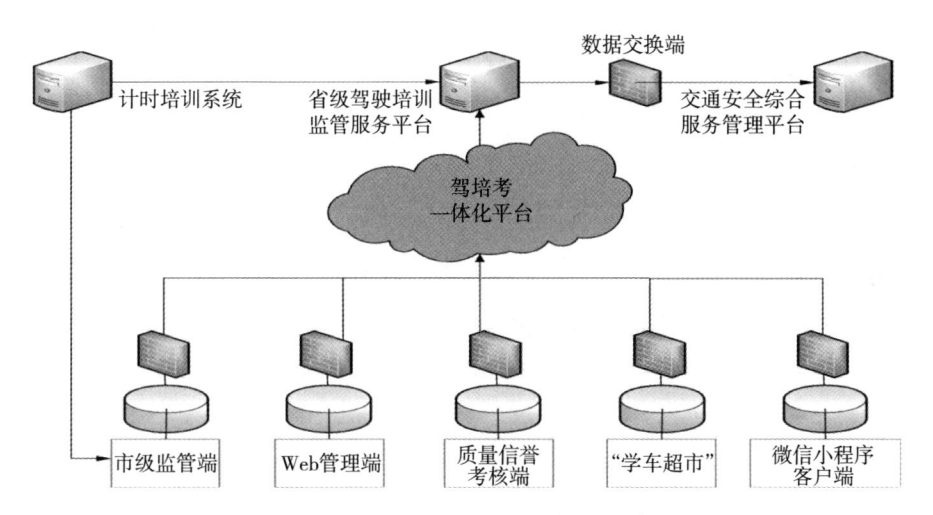

图 4 驾培考一体化服务平台架构

1. 微信小程序客户端

（1）学员中心模块向学员提供在线选择驾校、在线选择教练、报名缴费、体检面签、预约培训、学时查询、预约考试、服务评价等服务。

（2）驾校中心模块可提供如下信息服务：校长可实时查看本驾校的报名数量、缴费金额、培训进度、考试进度、结算进度；财务人员可查看详细的缴费与结算记录、培训车型结算明细；教练通过一人一码的招生名片，实现学员扫码报名自动绑定，同时可以查询名下学员的学时、考试成绩。

（3）红黑榜公示以下信息：按驾校公布每个月的考试人数、合格率；星级驾校满意度排行榜；教练员被投诉的具体情况等。

2. Web 管理端

Web 管理端主要将前台受理的业务数据推送到后台办理。

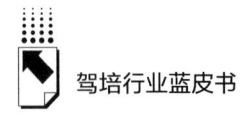

（1）公安交管部门对学员的报名信息、体检信息等进行比对审核，审核合格的推送给驾校。

（2）驾校将学员信息进行分类，并据此编制培训计划、发布预约培训班次等。

（3）签约银行对预收服务费进行资金监管及清分结算。银行按照协议每周结算一次，分4个阶段进行结算，当阶段培训学时符合教学大纲要求且学员评价合格时，系统将结算资金从驾校的监管账户拨付到结算账户，做到"无学时不结算，无评价不结算"。

3. 质量信誉考核端

驾校服务质量信誉考核内容包括以下几个方面。

（1）办学条件：机构设置与制度建设、从业人员配备，以及教练车、场地及其他教学设施与设备等配备情况。

（2）经营管理：经营行为、从业人员管理、教练车管理、学员管理、投诉和违章情况、安全管理情况等。

（3）教学管理：教学行为、培训质量保障、考试情况、服务设施与环境等。

（4）奖励加分：特色教学、政府及部门表彰、社会公益及品牌化建设情况等。

教练员服务质量信誉考核内容包括：

（1）基础档案，如身份证、驾驶证、教练员证（如有）、监督卡等，劳动合同、社会保险缴纳情况（社保机构打印）等；

（2）动态考核台账，包括违法违章情况、教学安全情况、荣誉奖励情况、再教育情况等。

市级交通、公安部门相关机构负责对全市考核工作的指导监督及结果应用，各区县交通运输主管部门具体负责实施本行政区域内的服务质量信誉考核工作，各驾培机构负责对教练员开展服务质量信誉考核。考核周期为每年的1月1日至12月31日，实行动态考核、季度汇总、年度评级制度。

4. 市级监管端

市级监管端实现对接入平台的计时培训系统数据的监管与备份及对教练

车、教练员的监管。

一是对理论教学线下课堂的在线监管。驾校的理论教室安装2个高清摄像头，开班前向属地驾培管理机构报备，课堂教学过程中实行签到、签退、中间随机查岗制度，管理机构可通过平台线上检查课堂现场教学情况。

二是对模拟器教学进行线上监管，主要是对模拟过程及上传数据的真实性进行监督检查。

三是对计时培训系统接入数据进行分析，发现虚假数据立即停止上传，查找原因进行整改。

四是监督教练车、教练员。通过平台可以查询每辆教练车每天任意时段的运行轨迹，对在电子围栏外行驶的教练车实行抓拍，并通报车辆所属驾校，要求其实施重点管理。同时具备查询教练员每天到岗情况的功能，管理部门对长时间不在岗或长时间没有教学任务的教练员可实行调查约谈。

5."学车超市"

"学车超市"针对目前因招生数量少而难以组班进行课堂教学的实际情况，结合现在主流学车群体特点，创造性地将理论教室、模拟器、计算机室配置在一个大厅，学员可以利用模拟器进行理论学习，理论教练员同时进行线下教学辅导，学员完成一个项目后可选择其他项目进行学习，不同学员也可同时学习不同项目，互不干扰。"学车超市"既克服了招生淡季难以组班的难题，也能充分利用空间提供多项服务，如提供休闲、阅读、餐饮等配套服务，提升学员体验感。

6.数据交换端

数据交换端主要实现报名资格审核系统、计时培训系统、省级驾驶培训监管服务平台、清分结算系统等各信息系统的数据交换和推送。

平台研发成功后，交通运输、公安交管、市场监管、大数据四部门联合下发《关于做好驾培考一体化服务平台上线应用工作的通知》（日交发〔2021〕18号），明确任务分工，各司其职，齐抓共管，确保平台上线安全稳定运行。交通运输部门严格按照规定落实相关措施，做好对驾校和教练员的日常监管，做好对教练员举报投诉的处理，督促驾校落实好学员告

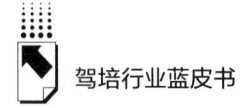

知书、教练员承诺书及培训价格的公示等措施，监督驾校做好合同签订、退费管理等。公安交管部门通过无纸化平台对报名学员进行资格审核，将审核数据实时上传平台，同时严格落实省交通运输厅和省公安厅《关于做好驾驶培训监管服务平台与互联网交通安全综合服务管理平台联网对接工作的通知》文件精神，核准驾驶技能训练场地，会同交通运输部门扎实做好培训能力核定，并定期比对，发现异常立即停止受理，切实提高监管质量。市大数据局提供部署平台需要的政务云资源等技术支持。市市场监管部门重点维护市场秩序，严厉打击恶意低价竞争、垄断等违规行为。这一系列措施的实施，确保了系统上线运行，也为行业的健康发展起到了保驾护航的作用。

（三）实施成效

驾培考一体化平台自2021年10月上线以来，得到了学驾人、驾培机构、教练员以及管理部门的一致认可，成效显著。其创新性和亮点主要体现在以下几个方面。

一是实现了"一网通办"。学员报名缴费、体检面签、资格审核、签订合同"只跑一次"，由前台受理变成后端审核，让数据多跑路，让学员少跑腿。全年可减少学员往返车管所10万余人次，同时减少20余万份驾驶人纸质档案，减轻了驾校负担。

二是解决了恶性竞争问题。驾培机构开设的所有班型全部明码标价，学员可根据自身情况自由选择。并且，班型价格符合公示价格标准的才能录入学员信息，背离公示价格标准的，学员将无法完成报名流程，这在源头上杜绝了恶性竞争。

三是提供了"计时培训、先培后付"最优方案。驾培机构与学驾人签订服务合同，严格按照公示的价格收费，费用全部打入驾培机构在银行设立的监管账户。在学驾人未接受驾校服务或报名后未开始培训即退学的，驾校连同利息全额退还。

按照两厅部署，统一将省驾驶培训监管服务平台与互联网交通安全综合服务管理平台 12123 联网对接，交通运输部门负责"真计时、计真时"，公安部门负责"无学时、不考试"，两个平台在一张网内运行。同时，将培训服务费与计时培训和学员评价相关联，当阶段培训学时合格且学员满意度评价完成后，系统才能发起结算，"无学时不结算，无评价不结算"。这样不仅大大提高了学员的安全感和信任度，也实现了资金流向的可追溯，完美满足了"计时培训、先培后付"的要求。根据日照市驾培考便民服务平台数据，截至目前，共受理学员 6.5 万余人，监管资金 2.26 亿余元，已拿证学员 3 万余人。

案例 1

广东韶关驾培服务平台以行业协会为监管账户主体，在具备托管资质的国有银行开设资金监管专户，由银行进行第三方资金托管，并"按学习进度拨付"。先服务后拿钱，真正实现"计时培训、先学后付"，充分保障了学员权益，杜绝驾校倒闭、教练跑路的可能。

该平台自 2021 年 7 月正式上线以来，获学员广泛好评，有效赋能韶关驾培行业。韶关正规驾校入驻 31 家，入驻率 100%；累计服务学员 30 万人，影响人群 100 万人次以上；托管金额 3900 多万元；公众号总用户数 66389 人，线上报名缴费 10000 余人。这一做法实现了以下创新。

1. 实现监管数据信息化、监管实况可视化

韶关驾培服务平台智慧监管系统可通过在驾培机构的车辆、场地、辅助教学设施设备张贴加密的 NFC 射频标签来建立具有唯一性的身份识别码，这可为事故追踪溯源、理清责任范畴、进行责任判定提供支撑。交通运输主管部门在定期检查与不定时抽查中，便能够通过扫描标签进行巡检信息记录，而现场录入的数据会实时传输至服务器，并录入设备档案数据库，在大数据展示大屏上实时显示，实现数据信息化、监管实况可视化，避免了采用纸质检查记录易造成原始材料多、信息翻阅困难、人工录入存在误差的状况。系统通过云计算可自动进行数据分析、设备安全隐患研判，当设备安全性低于标准系数时会发出相关警示提醒主管部门。

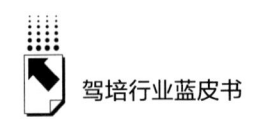

2. "三方合作共建",多方共赢

出资、建设、运维、归属是平台开发建设的核心问题,本项目通过"政府牵头、银行投资、团队承建",实现多方共赢。通过具备托管资质的国有金融机构投资,以托管账户资金储量增强资金流动性,反哺投资方,有效解决"谁出钱""谁建设""归属谁"的问题,破解了欠发达地区行政主管部门引进智慧监管系统时,面临的开发、建设、维护成本高且专业人才不足的困局,有效缓解欠发达地区的财政负担,保证经济后发城市在智慧政务建设领域不掉队!

3. 动态监测,助推社会稳定

以广东韶关为例,传统模式下,当地的驾培机构粗放发展,使得行业竞争同质化、市场竞争恶性化,甚至存在个别违规非法办学的驾培机构,带来社会隐患。加之驾培机构需要管理的场地多且杂,传统监管方式不具备信息化特点,缺乏统一的监督管理平台,对于监管部门来说工作量大,安全职责无法完全落实到位。该平台以智能化的方式进行动态监测,从学费入手,从根源上铲除"黑驾校""黑教练"的生存土壤,同时以行业大数据为抓手,实时动态监测行业隐患,并向主管部门提供整改建议,大大提高了安全隐患排查的效率,减少人力成本。

四是彻底消灭了"黑车""黑教练"。通过认证的教练员、教练车全部在平台上接受闭环管理,非认证教练车、教练员的培训信息或在电子围栏外私自训练的培训信息一律无效。这有效杜绝了"黑教练"招生欺骗学员,或在未经批准的路段训练的现象。

五是杜绝了"吃拿卡要"等行业乱象。培训过程中设置了学员对教练员的评价环节,强化了学员监督,没有学员的评价,教练员无法结算培训费用,倒逼教练员提高服务质量。同时将管理权交还给驾校,教练员如想转籍须处理完后续问题并取得原驾校同意后才能办理。据统计,新收学员投诉率与往年相比直线下降,整体满意度达到99.5%。

六是解决了选驾校、选教练难的问题。为减少驾培市场信息不对称,改变学员作为弱势方的实际,将驾校和教练的情况介绍、考试合格率、评价结果等情况公开。同时,平台根据日常管理、考试及投诉等情况对驾校和教练进行排名,适时公布红黑榜名单,为学员提供参考。

四 驾培考一体化服务模式推进重点

(一)明确适用范围

驾培考一体化服务模式较适合在地级市范围内全面实施,一方面驾培机构借助该平台便于与市级公安交管部门沟通协调,有利于工作开展;另一方面市域范围内管理和服务模式"一盘棋",对区域内同质化较高的不同驾培机构来说是相对公平的,有利于激发市场活力,培育"瞪羚企业"。该模式在市域范围内成熟后可在全省乃至全国推广。

(二)严格按大纲培训

严格按教学大纲培训是所有环节的核心,这既符合法律规定,也是驾培机构的立校之本,还是预约考试、清分结算等的最重要、最科学的依据。

(三)数据真实是关键

计时培训数据的真实性是公安交管部门采信、约考的前提,如果因为学时造假导致联网工作断开,那么一切工作努力就会归零,同时假数据也会破坏教学环境,严重的会涉嫌欺诈甚至犯罪。数据保真须做到以下几点。一是计时培训系统服务商不宜过多,一个市最多选择3家。服务系统过多会产生技术规范标准的差异化问题,不利于后续管理。二是要做好层级管理,夯实区县属地管理的责任。不定期检查计时设备的运转情况,发现造假行为立即解除教练车备案;配合跑马机造假的,立即解除教练员备案。要始终保持高压态势,对数据造假行为绝不姑息,触犯法律的,要保留证据并在第一时间移交公安部门。三是做好理论课堂教学和模拟器教学

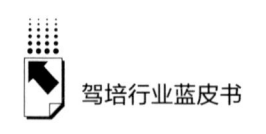

的监管，充分利用人脸识别、活体检测等科技手段，监督培训全过程，保障数据真实有效。

案例2

近年来，全国驾培行业发展压力增大，扬州驾培行业同样举步维艰。为摆脱困境，扬州各驾校创新方式方法，但是也有部分教练员动起了"歪脑筋"，其中之一就是学时造假。对此，扬州行业管理部门高度重视，"四管"齐下，严厉打击。

学时造假的原因，主要是部分教练员追逐不当利益、部分学员因工学矛盾配合学时造假、车载计时终端装备容易被攻破、管理部门打击力度还不够。

在此基础上，管理部门对症下药，"四管"齐下，下大力气打击学时造假行为。一是完善考核机制，把学时作为重要考核指标，并建立退出机制，及时清退学时造假的教练员。二是提高技术壁垒，在主管部门的支持下，敦促车载计时终端装备研发单位，不断提高车载计时终端装备的防入侵、防破坏的技术能力，阻断外部攻击。三是借助学会力量，根据学会每月发布的"各驾校教学车辆违规培训数据核查统计表"，对违规驾校辅之以相应的惩戒措施，严厉打击学时造假行为。四是依托市场监管，学时造假行为一经查实，即采取顶格处罚，不留余地。

经过一段时间的综合治理，学时造假现象已杜绝，教练员均能严格按照大纲规定学时施教，教学质量得到了保证。

五 结束语

在社会主义市场经济中，有为政府和有效市场是相辅相成的，市场在资源配置中起决定性作用，但也要克服市场机制运行中存在的不正当竞争、不正当谋利、市场分割、供求不平衡等问题和矛盾。为此，要更好发挥政府的作用，彰显其"看得见的手"的功能。

有为政府推动有效市场，日照市交通运输、公安交管、市场监管等部门以促进市场主体公平竞争、各类市场要素高效运转、行业高质量发展为己任，深入推进跨部门综合监管，加快转变政府职能，提高监管效能，将机动车驾驶培训行业原本分散的多部门工作整合到一个在线监管平台进行业务协同、资源共享和数字监管，达到"监管更有力、服务更精准、群众更满意"的效果，实现了多方共赢的良好局面。驾校的管理能力、服务水平和经济效益明显提升，学员体验感、获得感和满意度大幅增强、提高，一个健康有序、高质量发展的机动车驾驶员培训行业生态正在形成。

本文作者为王力、袁建忠、李增剑、李政。王力，日照市道路运输服务中心驾培科负责人、高级工程师；袁建忠，日照市道路运输服务中心副主任；李增剑，日照市公安局车辆管理所所长；李政，日照市道路运输服务中心主任。

B.4
驾培市场规范思路与管理实践

——以甘肃省驾培市场管理为例

摘　要： 近年来，甘肃省通过加强驾培市场信息引导、强化达标管理与资源整合、规范教学车辆管理等措施，驾培市场总体保持平稳发展。但是，甘肃省驾培市场仍存在政策落实不到位、驾驶培训教学不规范、培训模式僵化等问题。对此，本报告认为驾培市场应坚持推进驾培机构专业化建设，以质量求生存，以服务求发展，以强化监管为保障。

关键词： 驾培行业　信息公开　行业监管

当前，驾培行业正步入深度变革调整期。一方面，随着学驾群体存量的逐渐消化，学车主力人群年轻化，同时伴随驾培市场培训能力的持续提升以及驾培市场需求规模趋于稳定，驾培行业出现了产能过剩，同时行业同质化竞争加剧，市场竞争激烈。另一方面，随着道路交通安全管理法制化、制度化、规范化进程的加速，驾培机构作为驾驶人培训的主阵地，其培训质量和管理工作越来越受到各方重视，驾培行业发展中积累的一些问题也日益凸显。

为引导驾培行业健康有序发展，提升驾驶培训服务质量，驾培行业管理部门应当审时度势，因势利导，着力在推进驾培机构专业化建设、提升培训服务质量、强化行业事中事后监管上下功夫，积极引导驾培机构转变发展理念，主动顺应市场形势变化，规范培训，打造和树立服务品牌，肩负起为社会培养安全文明合格驾驶人的职责使命。

一 甘肃驾培市场发展概况

近年来,甘肃驾培行业总体保持平稳发展态势。截至2022年底,甘肃省共有驾培机构644家,教练员17840人,教练车16055辆,年培训能力约115万人,2022年新增学员409281人,[①] 充分满足了人民群众的学驾需求,为促进全省经济社会发展发挥了积极作用。

(一)驾培机构

甘肃驾培机构数量在经过一段时间的快速增长后,在2018~2022年总体呈现平稳发展的态势(见图1)。特别是受驾培市场学驾人员需求变化与疫情影响,驾培行业竞争加剧,个别地区相继有驾培机构退出市场,部分驾培机构还通过并购、重组等方式实现联合经营。

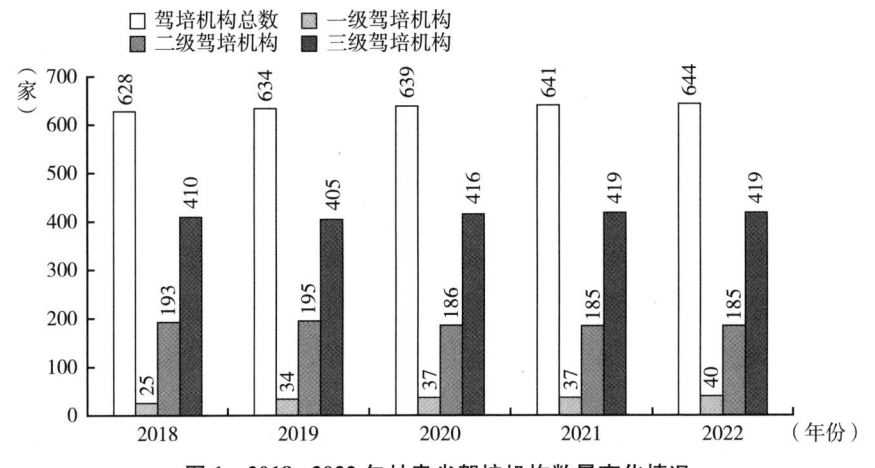

图1 2018~2022年甘肃省驾培机构数量变化情况

年份	驾培机构总数	一级驾培机构	二级驾培机构	三级驾培机构
2018	628	25	193	410
2019	634	34	195	405
2020	639	37	186	416
2021	641	37	185	419
2022	644	40	185	419

(二)教学车辆

伴随全省驾培机构数量的平稳增加,教学车辆数量也相应增加,但增加

[①] 数据由作者整理得到。

幅度不大。截至2022年底,教学车达到16066辆,其中小型客货车约占88%(见图2)。驾培机构户均拥有教学车约25辆。

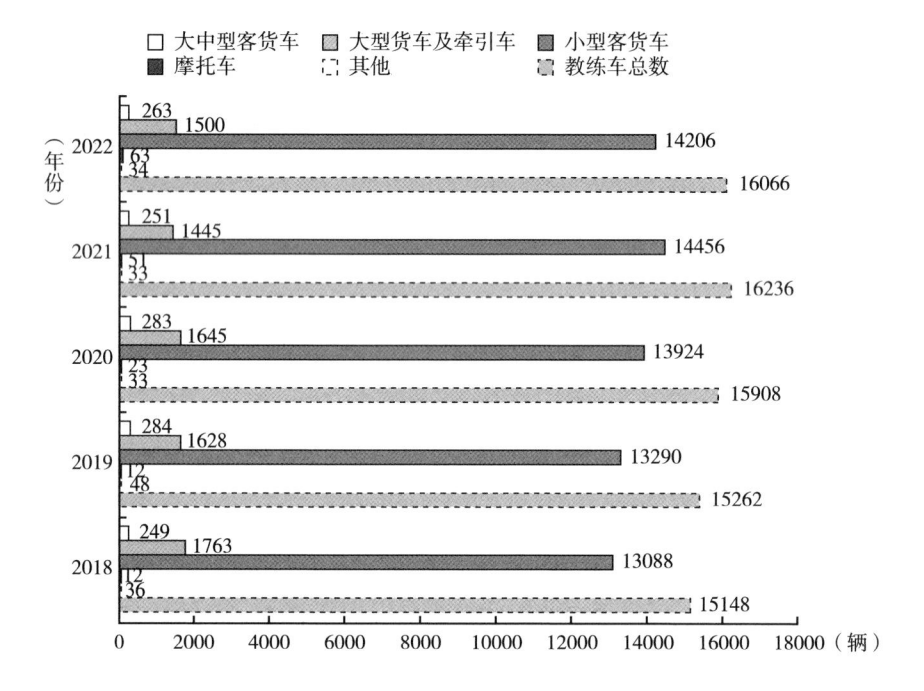

图2 2018~2022年甘肃省教学车数量变化情况

(三)教练员

截至2022年底,全省共有教练员18881人。其中,理论教练员1568人,实操教练员17313人(见图3),较好地支持了驾培行业发展。

(四)年新增学员人数

年新增学员人数直接反映驾培市场需求的变化。2018~2021年,甘肃驾培行业年新增学员人数总体平稳。但是,2022年受疫情影响,全省年新增学员数量明显下降(见图4)。

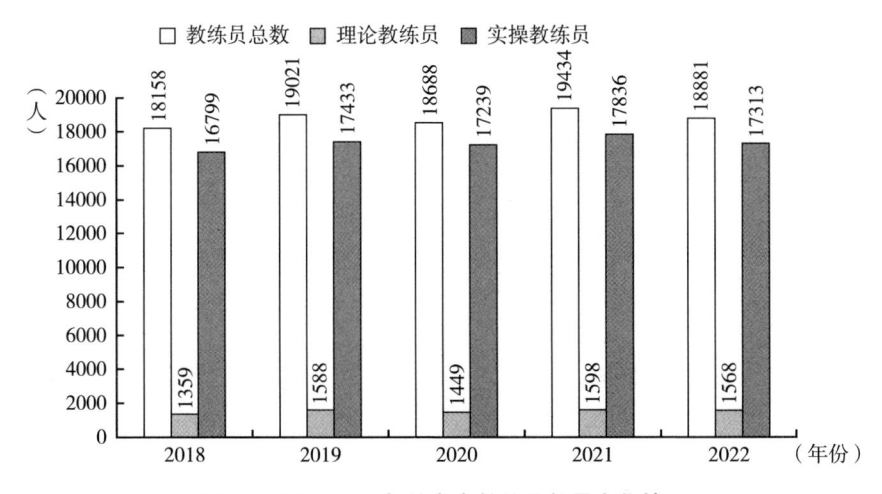

图3 2018~2022年甘肃省教练员数量变化情况

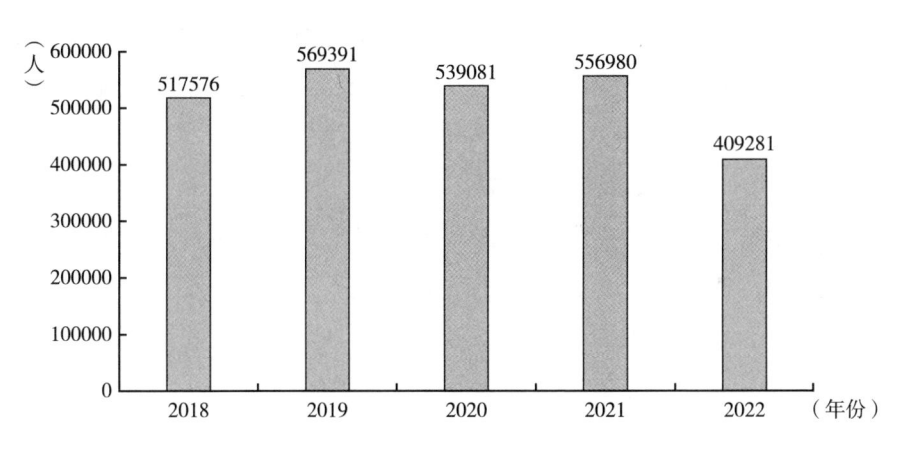

图4 2018~2022年甘肃省年新增学员数量变化情况

二 甘肃驾培行业管理探索与实践

（一）加强驾培市场信息引导

1. 建立驾培市场供求信息发布机制

根据《国务院办公厅转发公安部 交通运输部关于推进机动车驾驶人培

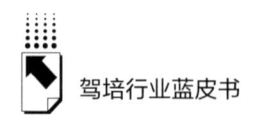

训考试制度改革意见的通知》精神，按照"谁备案、谁负责"的原则，由县（区）交通运输管理部门负责，根据本地区驾驶培训市场发展实际，通过地方电视台、政府网站、政务大厅公告栏等媒介，及时向社会发布辖区驾驶培训市场供求信息（包括辖区驾培机构数量、教练车数量、教练员数量、年培训能力、年新增学员数量等信息），引导社会资金理性进入，防止盲目投资导致驾驶培训市场发展失控等问题。

2. 发布驾培机构"红黑榜"

为严控驾驶人培训质量，强化新驾驶人安全教育，省道路交通安全委员会办公室建立全省驾培机构"红黑榜"制度，对甘肃省发生交通事故的机动车驾驶人及其接受培训的驾培机构定期进行梳理统计，并发布了首份全省驾培机构"红黑榜"，对"红榜"45家驾培机构进行通报表扬，对"黑榜"35家驾培机构进行曝光，进一步督促驾培机构落实培训主体责任，加强培训质量管理，引导学员选择培训质量高的驾培机构，为预防道路交通事故把好第一道关口，从源头上夯实道路交通安全基础。

3. 健全培训和考试信息互通机制

交通运输与公安交管部门建立沟通机制，及时互通信息，强化部门协同，搭建沟通机制。交通运输部门定期通报省道路交通安全委员会办公室发布的全省驾培机构月度考试合格率、学员取得驾驶证后三年内交通违法率和交通肇事等信息，实行差异化的监管制度，将学员驾驶证考试合格率低和驾驶培训质量差的驾培机构列入重点监管名单，加大执法检查力度。

（二）强化达标管理与资源整合

1. 核查驾培机构备案内容

强化行业事中、事后监管，对驾培机构备案内容进行核查，重点检查驾培机构教学管理、教练员管理、学员管理、结业考核、档案管理等制度建设和落实情况，检查教练场地、教练车、驾驶模拟器等教学设施配备情况。对不符合国家标准的驾培机构，采取降低驾培机构等级、停业整顿等措施，直至其符合资格条件。特别是兰州市主城区和张掖市通过持续加强驾培机构备案核查管理，有力维护了驾培市场秩序，促进了辖区驾培市场的专业化发展，提升了培训服务质量。

2. 推进驾培机构资源整合

积极关注和应对驾培市场变化，鼓励和引导驾培机构"输出管理"，通过资源整合实行规模化、集约化发展，打造服务品牌，促进和带动整个地区驾培机构的专业化建设。兰州市对不达标、濒临倒闭的驾培机构，加强政策引导，通过联合经营或并购等模式，撤并驾培机构30家，有效整合了驾培机构教学场地、教学车辆、考试场地等资源，既妥善解决了老学员的培训问题，又扶持和壮大了驾培品牌，提升了驾培机构区域竞争力。

（三）进一步规范教学车辆管理

针对驾培机构教学车辆管理存在的乱象，省公安交管和省交通运输管理部门在全省范围内组织开展了一次驾培机构教学车辆交通违法集中整治行动，对各驾培机构教学车辆逐车予以清查，严格准入关口，对教学车辆标识和防护装置统一了要求。

同时，严格审核教学车辆的行驶线路和时间，规范教学车辆的日常使用管理，严禁将教学车辆挪作他用。公安交管部门、交通运输管理部门组成联合检查组，对"黑车"培训、车辆挂靠培训、拼车培训和场外训练等问题进行重点检查，一旦发现违规行为，责令驾培机构立即整改。

（四）深化驾培监管服务系统应用

1. 升级全省驾培监管服务系统

按照监管和运营相分离的原则，搭建并启用了新的驾培监管服务系统，推进"互联网+行业监管"，依托驾培监管服务平台实现对驾培机构、教练员、教学场地、教练车等信息的报备管理及对学员培训信息的全过程动态监管。目前，驾培监管服务系统已成为交通运输管理部门实施行业事中、事后监管的重要工具。驾培监管服务系统横向与公安交管部门机动车驾驶考试系

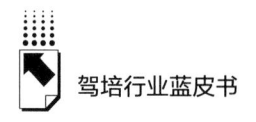

统和全省道路运政管理信息系统对接，纵向与全国驾培数据交换与服务平台对接。驾培监管服务系统提供的培训数据，是公安交管部门开展机动车驾驶证考试预约的依据，也是交通运输管理部门核发道路普通货运驾驶员从业资格证的依据。

2. 加强对培训过程的动态监管

督促驾培机构落实教学大纲规定的教学内容和学时要求。严格学时审核，按照培训科目采取手动或自动的方式审核学员培训记录，审核内容包含所用学时和驾驶里程、教学区域比对、学员图片比对、车辆行驶轨迹比对、学车过程大数据分析等。采取自动审核的地区，建立人工抽查机制，重点检查培训记录的真实性。

3. 提高监管智慧化水平

全面实行学员签到签退人像比对，对驾培机构报备的教练员、教练车等信息开展全面核查。督促驾培机构及时划定电子围栏并上传车辆轨迹数据，严格落实结业考核制度。对完成教学大纲要求的学员，及时组织开展结业考核，结业考核合格的，按照《机动车驾驶员培训管理规定》有关要求，为其颁发《机动车驾驶员培训结业证书》，并将结业证书信息上传至驾培监管服务平台。

（五）加强计时培训平台应用管理

1. 规范计时培训系统安装使用

对照《机动车驾驶员计时培训系统平台技术规范》和《机动车驾驶员计时培训系统计时终端技术规范》，检查计时培训系统实际功能是否满足要求。督促计时培训系统服务商及时更新升级平台功能，完善人脸识别、车辆动态数据采集、非法数据检测与预警等技术，提高采集数据的真实性。驾培机构自主选择符合技术规范要求的计时培训系统和计时终端设备，并实现与驾培监管服务平台联网。严厉查处驾培机构、教练员私拆车载计时培训终端设备或外接其他设备的行为。

2. 落实驾驶培训机构培训责任

督促驾培机构严格按照国家标准和规定的要求完善服务条件，在计时培训系统平台录入教练车、教练员等基础信息，划定教练场地、训练道路电子围栏，并将相关信息提交至驾培监管平台进行审核；按照教学大纲要求进行培训，充分运用计时培训系统对培训学时进行严格管理；督促学员在学习过程中运用计时培训终端采集培训数据，实行上下车签到签退制度，使用人像识别技术，并加快推进采用活体检测人脸识别技术签到签退，确保学员信息真实有效。

3. 开展计时培训系统服务商服务质量考核

制定印发《甘肃省机动车驾驶员计时培训系统平台服务商服务质量考核办法（试行）》，定期开展计时培训系统服务商服务质量考核，督促服务商提供高质量的系统平台、计时终端和系统服务，按照技术规范要求开启计时平台相关功能，及时更新升级平台功能，并为驾培机构提供相关的操作培训，做好计时平台及计时终端设备的运行维护和服务工作，保证计时培训系统的有效运行和数据传输质量，确保驾培机构正常开展培训活动。

（六）联合开展驾培行业专项整治

2021年省交通运输厅与省公安厅联合印发了《全省机动车驾驶员培训行业专项整治工作方案》，在全省范围内开展了为期4个月的机动车驾驶员培训行业专项整治工作。

专项整治工作重点对驾培机构教学管理、教练员管理、学员管理、结业考核管理、档案管理等制度建设和落实情况及教练场地、教练车、驾驶模拟器等教学设施配备情况进行全面检查，督促驾培机构完善服务条件。引导驾培机构转变培训理念，切实加强培训质量管理，提升培训服务水平，保护学员合法权益。督促计时培训系统服务商更新升级平台功能，完善人脸识别、车辆动态数据采集等技术，切实加强过程管理，确保培训质量。

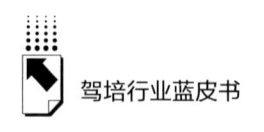

三 驾培发展面临的困境及路径分析

（一）专业化发展方面

《机动车驾驶员培训管理规定》、《机动车驾驶员培训机构资格条件》和《机动车驾驶员培训教练场技术要求》，对驾培机构组织机构、设施设备、教学管理等资格条件提出了要求。但是由于相关文件专业性强，加之有些条款内容不够具体明确，受技术、人力等因素制约，基层交通运输管理部门在实施过程中，存在着政策理解偏差、实际执行打折扣等问题，多数基层交通运输管理部门仅就场地总面积、教学车数、教练员数进行了核查，其他要求没有得到很好地落实，这实际降低了驾培市场进入门槛。同时，在驾培机构经营过程中，教学场地、教学车、教练员等也时常发生变化，从而导致资格条件达不到标准，这些都造成了驾培市场的混乱。加之，近年来驾培机构数量增加，驾培市场竞争日趋激烈，多数驾培机构为招揽生源一味进行低价竞争，想方设法降低培训成本，致使驾驶培训教学不规范、学时造假问题突出，严重干扰了正常的驾培市场秩序。个别地区驾培市场曾一度陷入了恶性竞争、无序发展的泥沼。

机动车驾驶培训具有教学专业性强、教学对象多样、教学过程存在风险等特点，需要专业的教学场地、设施设备和教学管理人员。同时，驾驶培训消费又基本属于一次性消费，从而限定了学员的需求上限。因此，机动车驾驶培训必须坚持走专业化发展之路，避免无序发展给这个行业带来的伤害，坚持规范培训，提升培训质量，从源头上夯实道路交通安全基础，减少和预防道路交通事故的发生。

一是加强资格条件管理。虽然驾培机构已从许可管理改为了备案管理，但是驾培机构的进入门槛并没有降低。因此，行业管理部门还是要把好驾培机构资格条件这个关口，督促驾培机构严格按照国家标准要求完善服务条件。针对当前基层行业管理部门在驾培机构资格审核中面临的实际困难，建议由省一级道路运输管理或服务机构，每两年对驾培机构资格条件开展一次核查，对不符合标准要求的坚决予以清退，确保驾培机构资格条件持续符合国家标准要求。

二是严格教练员管理。教练员作为驾驶技能的传授者、安全文明理念的传播者、驾培行业形象的塑造者，是确保培训教学质量的关键因素和核心力量。教练员从业资格证取消后，一些地方行业管理部门误认为教练员"不用管了"。而2022年新颁布的《机动车驾驶员培训管理规定》再次强调了完善教练员管理，建立健全教练员聘用及管理制度，并规定了不得聘用教练员的具体情形。各地行业管理部门可以依托驾培监管系统实现对教练员的报备管理，督促驾培机构规范聘用教练员，落实教练员岗前培训和继续教育等制度，加强对教练员教学活动的监督，及时处理学员投诉多、职业素养低和职业道德差的教练员。

（二）培训质量方面

现在的驾培机构基本都采取"应试教育"的模式，在最短时间内帮助学员取得机动车驾驶证已然成为驾培机构的培训目标和营销噱头。于是，市场上各种速成培训渐成主流，而这种短平快的培训往往忽视了对学员文明驾驶习惯和安全意识的培养，"过一科，扔一科"的培训模式也很难使学员熟练掌握驾驶技能。

在社会公众的认知中，驾培机构只是学驾人员申请并获取驾驶证的一个必选平台或者工具而已，其教育培训职能反而被淡化。

对驾培机构而言，为社会培养安全文明合格的驾驶人，是驾培机构的职责使命，也是驾培机构的生存之基和发展之道。作为驾培机构必须坚守好自己的阵地，立足职责使命，规范管理，不断提升培训质量，并以此带动和促进整个驾培行业回归正轨。

一是切实转变培训理念。改变以往"重招生、轻培训"的粗放式发展模式，坚持质量导向，恪守质量底线，在教授学员驾驶技能的同时，更加注重学员法治意识、安全意识的培养，增强学员对法律的敬畏、对生命的敬

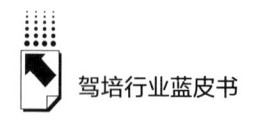

畏，引导学员将安全行车、文明行车作为终生必修课。

二是认真贯彻落实教学大纲。《机动车驾驶培训教学与考试大纲》是指导机动车驾驶培训的重要技术性文件，是驾培机构组织实施教学的重要参考和依据。驾培机构要认真研学，吃透教学大纲的精神要义，严格按照教学大纲施教，落实规定的教学内容和学时，并将其作为对学员培训最基本、最基础的要求，以此来保证驾驶培训教学的规范性，保证驾驶培训质量。

三是加强和改进理论教学。当前，与驾驶技能培训相比，理论教学不到位及质量不高的问题更为突出。尤其是一些管理水平差、规模小的驾培机构，由于缺乏专业师资力量，理论教学质量大多无法保证。为此，急需对现有的理论教学模式做出调整，通过联合办班、委托培训、聘请专业老师授课等方式，整合培训资源，切实提高理论教学质量；同时，通过案例教学、警示教育、示范体验等方式，强化学员的学驾体验。

（三）优化服务方面

驾培行业作为重要的民生服务业，随着我国经济社会的快速发展，驾培市场规模迅速扩大，培训能力大幅提升，充分满足了人民群众的学驾需求。近年来，随着机动车驾驶培训考试制度改革的不断深化及驾培市场供求关系的转换，驾培行业整体服务水平都有了很大提升。

但是，驾培行业正处于深度变革期，驾培市场呈现市场竞争激烈化、学驾群体年轻化、服务需求多样化等特点，学员更加注重培训质量、服务品质和学驾体验。而驾培机构服务设施不完备、服务方式单一、服务不规范等问题依然比较突出，特别是因驾培机构不诚信经营、教练员不规范服务引发的投诉事件屡屡发生，给行业发展带来了负面影响。为此，驾培机构要主动着眼群众所需所盼、所忧所怨，积极推进培训模式变革，提升服务水平，不断提升学员学驾满意度。

一是优化培训模式。健全培训预约制度，提供"计时培训、计时收费""先培训后付费"等多样化的培训模式，供学员自主选择。鼓励采用"一人一车"方式进行培训，在落实教学大纲要求的基础上，针对学员个性特点，开展针对性的教学培训，满足学员个性化、差异化的培训需求。推进全国驾培数据互联互通，允许小型汽车学员在全国范围内分科目、跨机构培训，为学员培训和参加驾驶证考试提供便利。

二是保障学员合法权益。深化与学员权益保护相关的培训制度改革，督促驾培机构在经营场所醒目位置公示经营类别、培训范围、收费项目、收费标准、教练员、教学场地等信息；与学员签订规范化的培训合同，明确学员和驾培机构双方的权利与义务，保护学员合法权益；建立以学员评价为主的服务质量监督和评价体系，完善投诉处理制度，畅通投诉渠道。

三是推进驾驶培训与互联网融合创新。搭建区域性的驾驶培训服务平台，整合线上线下资源，借助大数据统计分析，促进驾培服务模式变革，提升驾培服务水平。鼓励驾培机构借助自媒体平台加强营销宣传，采取线上与线下相结合的方式提高理论教学水平，支持一些应用成熟的驾驶培训产品接入计时培训系统，提供多场景的防御性驾驶培训，并实现培训信息互认。

（四）行业监管方面

驾培机构从许可改备案后，行业管理的重心发生了改变，重点放到了事中、事后监管上。加之近年来各地交通运输部门的改革，部分地区交通运输管理和执法机制尚未完全理顺，行业管理部门对驾培行业的监管有所放松，执法检查力度不够，驾培机构异地经营、培训学时造假、不按规定开展结业考核等违法违规现象有所抬头。

对此，交通运输管理部门应切实履行起行业监管职责，按照国务院和交通运输部加强和规范事中、事后监管工作的要求，坚持治标和治本相结合、整治和规范相结合、监管与自律相结合、集中整治和日常监管相结合的原则，进一步健全监管机制，创新监管方式，强化事中、事后监管，着力整治驾培行业乱象，着力解决影响和制约驾培行业健康有序发展的突出问题，不断提高行业治理能力和群众满意度。

一是抓好质量信誉考核。交通运输管理部门应把开展质量信誉考核工作作为加强行业管理、提升培训服务质量、促进驾培行业健康发展的一个重要

抓手。结合国家信用体系建设,完善驾培机构质量信誉考核办法,加强质量信誉考核工作宣传,定期对驾驶培训机构的资格条件、安全管理、培训质量、经营管理、服务水平等进行考核评价,并向社会公布考核结果,引导学员选择质量信誉等级高的驾培机构。同时,强化信用监管,对质量信誉等级为B级和连续两年为A级的驾培机构实施重点监管。

二是强化培训过程的动态监督。通过搭建全国统一的驾培监管服务平台,拓展和完善平台功能,加强数据研判分析,提高智慧化监管能力。强化"互联网+监管"的深度运用,通过数据分析和现场执法相结合的方式,严厉打击驾培机构伪造培训信息、上传虚假培训记录、不在备案场地培训等违法违规经营行为。持续压实驾培机构培训主体责任,督促其规范安装和使用计时培训系统,强化对学员培训过程的动态管理,确保培训信息真实有效。

三是强化部门执法联动。加大对违法违规培训的查处力度,结合驾培监管服务平台统计数据,制定重点检查机构名单、检查计划,组织执法力量开展现场检查。发现驾驶培训机构减少培训内容和学时、伪造或篡改培训系统数据、违规发放培训结业证书等违法违规行为,依法责令其停业整顿,并向社会公示;对于计时培训系统服务商、驾培机构人员篡改和伪造培训数据构成犯罪的,移交公安机关依法追究其法律责任。

本文作者为尹旭阳、熊燕舞。尹旭阳,高级经济师,甘肃省道路运输事业发展中心从业人员培训科科长;熊燕舞,中国交通运输协会驾驶培训分会副秘书长,交通运输部科学研究院研究员。

B.5
国外驾驶培训考试管理现状及启示

——以奥地利为例

摘　要： 机动车驾驶人培训考试是提升驾驶人素质和严格驾驶人准入的关键环节。奥地利能够保持较高的道路交通安全水平，与其良好的驾驶人培训考试管理制度与体系密不可分。为探究奥地利驾驶人培训考试管理经验，本报告剖析了奥地利驾驶人培训考试管理法规体系、驾照许可条件、驾驶人培训教学内容与学时要求、驾驶考试要求等内容。在此基础上，本报告提出了强化学员危险感知训练、完善实习期驾驶管理手段、丰富驾驶培训服务教学方式等建议。

关键词： 交通安全　驾驶培训　驾驶考试

　　驾驶人培训作为提升驾驶人素质的重要环节，能够有效提高道路交通安全水平；驾驶人考试是获得驾驶执照的前置要求，是严格驾驶人准入的关键环节。在欧盟，奥地利交通安全指数排名第二，交通事故发生率和百万人均死亡数均低于欧盟平均水平。[①] 奥地利的年培训学员总量为10余万人，全国有驾驶培训机构400余家，其中90%以上为奥地利民营驾驶培训机构。不

---

① 《交通看世界：欧洲的奥地利如何进行道路交通管理》，网易网，https://m.163.com/dy/article/FA2TQ6C50527BOJ0.html，2020年4月13日。

仅如此，奥地利有严格的驾驶培训学时管理要求、考试管理制度体系和教练员管理制度，每年都会举行全国教练员节，以此展示教练员的教学水平与行业实力。得益于奥地利严格的驾驶培训管理体系，奥地利的交通事故死亡率降低了90%。截至2020年底，奥地利共有880余万人口，仅有347人死于道路交通事故，万人死亡率远远低于我国。

为探究奥地利成熟的驾驶培训与考试制度，本报告系统分析了其驾驶人管理法规、许可条件、培训方法、驾驶考试等内容，以期为我国驾驶人培训考试管理工作提供参考和借鉴。

一 管理法规及相关规定

（一）管理机构及法规

在奥地利，不同地区由不同的机构负责颁发驾驶执照。例如在维也纳，机动车部门（Verkehrsamt）负责颁发驾照；在其他城市则是当地的州警察总部（Landespolizeidirektion）或地方行政当局（Bezirkshauptmannschaft）负责发放驾照。奥地利的驾驶培训机构由奥地利警察总部与当局的管理机构管理，针对驾驶培训，奥地利境内颁布了四项法律法规，分别是《联邦法律合并：关于驾驶执照法的总体立法》（FSG）、《联邦法律合并：关于驾驶执照法实施条例的总体立法》（FSG-DV）、《联邦法律合并：关于驾驶考试条例的总体立法》（FSG-PV）和《联邦法律合并：关于驾驶健康适宜性条例（FSG-GV）》，它们共同规范驾驶培训考试体系。

在奥地利申请驾照时，申请人必须将相关资料提交给驾校，同时申请人的数据将直接录入驾照登记册。随后，驾校会对学员进行培训，提供医疗意见、救生应急措施指导（AM、D类应完成急救课程），学员完成所有实际驾驶考试后可以从考官那里获得临时驾照。达到准许的条件后，由驾驶学校所在地区的驾照颁发机构颁发驾照，其中在设有州警察总部的城市，由州警察总部颁发，在没有州警察总部的城市或直辖市，由该地区行政当局颁发。除 AM 类和 F 类驾照外，初次申领驾照的试用期为三年，在试用期内驾驶员不得增驾，试用期内违反规定的，需要重新接受培训。

（二）驾照类型与准驾车型

目前，奥地利境内的驾照类型都按规定分为 AM、A1、A2、A、B、BE、C1、C1E、C、CE、D1、D1E、D、DE、F 共 15 类，各准驾车型如表 1 所示。

表 1　驾照类型及准驾车型

驾照类型	准驾车型代码	准驾车型
AM	AM	·摩托车 ·四轮轻型车辆
A1	A1、AM	·带或不带侧车的摩托车，气缸容量不超过 125cc，发动机功率不超过 11kw，功率/重量不超过 0.1kw/kg ·功率不超过 15kw 的机动三轮车
A2	A1、A2、AM	·发动机功率不超过 35kw 且功率/重量不超过 0.2kw/kg 的带或不带侧车的摩托车，不得为功率在原发动机功率两倍以上的改装车辆
A	A、A1、A2、AM	·带或不带侧车的摩托车 ·机动三轮车
B	B、BE(持 B 证至少 3 年)、AM	·除驾驶员座椅外，载客座位不超过八个且最大允许总质量不超过 3500kg 的机动车辆 ·机动三轮车，前提是驾驶员年满 21 岁 ·A1 类摩托车，但应持有 B 类驾照，满足以下要求： 　·已连续持有有效的 B 类驾照至少 5 年； 　·不处于试用期； 　·已完成驾驶此类摩托车的实践培训； 　·驾照中有这类驾驶类型代码
BE	BE、AM	·除非车辆在获得批准时另有说明，否则准驾车型为 B 类牵引车和最大允许质量不超过 3500kg 的挂车或半挂车
C1	C1、F、AM	·最大允许质量超过 3500kg 但不超过 7500kg 且不属于 D1 或 D 类的机动车辆

续表

驾照类型	准驾车型代码	准驾车型
C1E	C1E、BE、AM	除非车辆获得批准时另有规定,否则准驾车型为: · C1类牵引车和最大允许质量超过750kg的拖车或半挂车,前提是组合的最大允许质量不超过12000kg · B类牵引车和最大允许质量超过3500kg的拖车或半挂车,前提是组合的最大允许质量不超过12000kg
C	C1、CE、C1E、D、D1、DE、D1E、F、AM	· 最大允许质量超过3500kg且不属于D1或D类的机动车辆 · 特种车辆
CE	CE、BE、BE、AM、DE(持D证)	· 除非车辆在批准时另有规定,否则准驾车型为C类牵引车和最大允许质量超过750kg的拖车或半挂车
D1	D1、AM	· 载客座位不超过16个的机动车辆(不包括驾驶员座位),最大总长度为8米且专门用于载客的车辆
D1E	D1E、BE、AM	· 除非车辆获批时另有规定,否则准驾车型为D1类牵引车和最大允许质量超过750kg的挂车
D	D、AM	· 除驾驶座外,乘客座位超过8个的机动车 · 特种车辆
DE	DE、BE、AM	· 除非车辆在批准时另有规定,否则准驾车型为D类牵引车和最大允许质量超过750kg的拖车或半挂车
F	F、AM	· 拖拉机 · 机动搬运车 · 自走式机械(包括自走式农用机械) · 运输搬运车,设计速度不超过50km/h · 单轴拖拉机与另一车辆或设备改装组合而成的设计速度不超过25km/h的拖拉机 · 特种车辆

(三)驾照许可条件

驾照许可的一般条件如下:

A. 已达到所申请驾照类型所需的最低年龄要求(详见表2);

B. 具备适合驾驶的交通条件,即交通可靠性;

C. 具备适合驾驶机动车的身体条件；

D. 具备驾驶机动车的技术；

E. 已接受过发生交通事故时的救生应急措施指导，D 类驾照申请人应接受过急救指导。

在申请驾照时，只有持有 B 类驾照的申请人才能申请 C1、C、D1、D 类驾照。只有当申请人已经拥有 B、C1、C、D1、D 类驾照时，才能授予 BE、C1E、CE、D1E、DE 类驾照。因违反交通规则而被吊销驾照的人员，在吊销期限届满前不得领取驾照。在授予驾照前，申请人必须提交一份不超过 18 个月的体检报告，证明其适合驾驶机动车辆；D 类申请人还应额外完成交通心理检查，其中包括观察和集中注意力的能力、韧性和协调性、获得驾照的动机。

表 2 颁发驾照的最低年龄限制

驾照代码	颁发驾照最低年龄	驾照代码	颁发驾照最低年龄
AM	·15 岁	C1 C1E	·18 岁
A1	·16 岁	C CE	·21 岁 ·18 岁（职业驾驶员，具有驾驶员资格证或驾驶机动车执行特定公共任务）
A2	·18 岁	D1 D1E	·21 岁
A	·20 岁前持有 A2 类车辆驾照 2 年，从 21 岁开始驾驶三轮机动车 ·24 岁	D DE	·24 岁 ·21 岁（职业驾驶员，具有驾驶员资格证或驾驶机动车执行特定公共任务）
B BE	·18 岁	F	·16 岁（特定条件下的农用车辆） ·18 岁
L17	·17 岁		

注：L17 表示 B 类早期驾驶许可代码，故表 1 中未显示。

驾校培训最早可以开始的时间在相应驾照类型要求的最低年龄前 6 个月。但 AM 类培训可在 15 岁生日的前两个月开始。A1 和 L17 类培训可以在

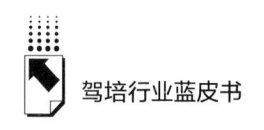

15岁生日后的6个月开始，若想在18岁之前驾车，那么可以先完成L17培训，这样最早17岁可以拿到驾照。考取B类和C类驾照的职业驾驶员，可以在17岁生日前的6个月开始接受培训。此外，除了上述一般条件，不同类别的驾照还要求驾驶员满足以下条件。

1. AM类驾照许可条件

A. 完成6个理论培训学时；

B. 已成功通过理论考试；

C. 在实践现场完成6个实践培训学时；

D. 完成两个教学单元的公共交通实践培训；

E. 如果未满16岁，则需要父母或法定监护人提交知情书。

2. A1、A2和A类驾照许可条件

A. 持有A1类驾照2年以上，若申请A2类驾照，需要进行第二阶段培训并满足以下要求：

①已通过A2类摩托车的实际驾驶考试；

②已完成7个学时的A2类摩托车的实践培训。

B. 持有A2类驾照2年以上，若申请A类驾照，需要进行第二阶段培训并满足以下要求：

①已通过A类摩托车的实际驾驶考试；

②已完成7个学时的A类摩托车的实践培训。

C. 如果驾照申请人已年满24岁且持有A1类驾照时，可在没有A2类驾照的情况下授予其A类驾照对应车型的驾驶权。要求有A1类驾照4年以上，且完成第二阶段的培训。

D. 申请B类早期驾照（L17）的，可在16岁时在驾校开始A2类的理论和实践培训。

E. 首次获得A1或A2类驾照的申请人，实习驾照可用到21岁。

3. B类早期驾照许可条件（L17）

B类驾照申请人申请B类早期驾照的，最早可以在年满15岁后的6个月开始培训，具体培训规定如下：

A. 最低培训年龄为15.5岁；

B. 指定1~2人陪同训练，进行培训时必须保留行程日志，同时在培训时应在车辆上做明显标记；如陪同人员非法定监护人，应出具本人书面同意书；

C. 完成至少3000公里的培训行程，每行驶1000公里后，申请人和陪同人员必须参加驾校的陪同培训课程；

D. 行驶3000公里后，申请人必须在驾校参加一次培训，每1000公里的培训必须在至少两周内均衡完成；在完成全部规定的培训后，经驾校确认满足要求后，申请人可参加实际驾驶考试。

4. C（C1）、D（D1）、CE（C1E）和DE（D1E）类驾照许可条件

A. 只有当申请人持有B类驾照时，才能授予C类（C1）或D类（D1）驾照；只有当申请人持有C（C1）或D（D1）类驾照时，才能授予CE（C1E）或DE（D1E）类驾照。

B. 如果同时申请增驾多个驾驶车型时，申请人必须通过第一类的理论和实践驾驶考试，才能申请其他类别的实践驾驶考试。申请人可在达到C1（C1E）、D1（D1E）类规定的最低年龄时参加C（CE）、D（DE）类的实际驾驶考试。

C. 接受过急救培训。

D. 血液酒精含量不超过0.1g/L或呼气式的酒精含量不超过0.05mg/L。

（四）试用期

每张新驾照（AM、F类除外）在前三年都是试用期驾照。L17和A1类驾照的试用期持续到申请人21岁。如果申请人在试用期内酒驾或有其他严重的交通违法行为（如肇事逃逸、驾驶时使用手机、违反优先权、超速等），当局会要求其接受培训教育。如果下令进行后续培训，则试用期延长一年，延长期会记录在驾照中。如果申请人在第三个试用期内再次违规，则需要进行体检，并出具包括交通心理检查在内的正式体检报告，以明确其健康水平。

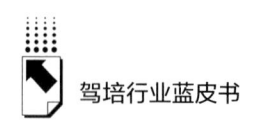

（五）限制驾驶或吊销驾照

持有驾照的驾驶人如果不再符合授予驾照的条件，则由当局根据道路安全的要求撤销其驾驶权，或通过条件、时间、地方等限制其驾驶。在这种情况下如果想要继续驾驶，必须根据要求重新申请新的驾照。在撤销A1、A2、A、B或F类驾驶权期间，同时禁止驾驶人驾驶轻型四轮车。在任何情况下，撤销B类驾驶权时需要同时撤销C（C1）、CE（C1E）、D（D1）和DE（D1E）类驾驶权，撤销C（C1）、CE（C1E）、D（D1）和DE（D1E）类驾驶权时也需要撤销其他类驾驶权。

在限制驾驶或吊销驾照的情况下，奥地利当局可以下令采取附带措施（再培训等）或要求驾驶人提供关于健康水平的官方医疗意见，在下列情况下驾驶人需要接受再培训：①试用期内违反交通法规的；②四年内发生过两次超速行为的；③使用酒精或麻醉品后驾驶的。常见的违法行为及相应处罚见表3。

表3 常见违法行为及相应处罚

违法行为	处罚
➢血液酒精含量为0.8~1.2g/L ➢处于药物受控状态	·罚款:800欧元至3700欧元 ·撤销驾照:1个月 ·交通指导(第一次违规)
➢血液酒精含量为1.2~1.6g/L	·罚款:1200欧元至4400欧元 ·撤销驾照:至少4个月 ·再培训
➢血液酒精含量为1.6g/L以上 ➢拒绝测试呼气酒精含量	·罚款:1600欧元至5900欧元 ·撤销驾照:至少6个月 ·再培训 ·交通心理检查
➢5年内血液酒精含量再次为0.8~1.2g/L	·罚款:800欧元至3700欧元 ·撤销驾照:至少6个月 ·再培训

续表

违法行为	处罚
➢5年内再次出现血液酒精含量为1.2~1.6g/L	·罚款:1200欧元至4400欧元 ·撤销驾照:至少8个月 ·再培训
➢5年内血液酒精含量第三次为0.8~1.6g/L	·罚款:0.8~1.2g/L的,罚款800欧元至3700欧元;1.2~1.6g/L的,罚款1200欧元至4400欧元 ·撤销驾照:至少8个月 ·再培训
➢5年内血液酒精含量第三次为1.6g/L以上	·罚款:1600欧元至5900欧元 ·撤销驾照:至少12个月 ·再培训 ·交通心理检查
➢超速:当地60km/h,市区外70km/h	·罚款:300欧元至5000欧元 ·撤销驾照:3个月
➢超速:当地80km/h,市区外90km/h	·罚款:300欧元至5000欧元 ·撤销驾照:6个月 ·再培训 ·4年内再犯:交通心理检查
➢4年内再次超速	·罚款:300欧元至5000欧元 ·撤销驾照:至少3个月
➢在4年内以任何其他组合重复超速(即至少有一次更严重的超速)	·罚款:300欧元至5000欧元 ·撤销驾照:至少6个月 ·后续培训(如果超过80~90km/h)
➢高速公路逆行	·罚款:36欧元至2180欧元 ·撤销驾照:至少6个月 ·再培训 ·4年内再犯:交通心理检查
➢在特别危险的情况下驾驶机动车辆	·罚款:36欧元至2180欧元 ·撤销驾照:至少6个月 ·再培训 ·4年内再犯:交通心理检查
➢驾驶机动车发生交通事故致人受伤,不立即停车或不予必要救助	·罚款:72欧元至2180欧元 ·撤销驾照:至少3个月

续表

违法行为	处罚
➢不遵守安全距离规则	·罚款:36欧元至2180欧元 ·提款:至少6个月 ·再培训 ·如果复发(4年):交通心理检查

二 教学内容及实施

在奥地利，驾校培训包括理论和实践两部分，驾校每天最多只能教授8个学时，一个学时50分钟。理论培训课程的费用为每节课11欧元（约80元），每两节课16.50欧元（约121元）。理论培训包括所有驾照类别的基本知识教授，其中包括至少20个学时和相应特定类别的学时，各类驾照的理论学时如表4所示。

表4 奥地利各驾照的理论学时要求

驾照代码	相应的特定类别学时要求
A1/A2/A	6学时
B	12学时
BE	3学时
C/C1(B的增驾)	10学时
C/C1(D/D1的增驾)	4学时
CE(C1E)或DE(D1E)	6学时
D/D1(B的增驾)	12学时
D/D1(C/C1的增驾)	4学时
F	4学时

实践培训要求驾驶人在交通繁忙的市区驾驶、在高速公路驾驶和夜间驾驶。实践培训的最短学时和教学要求见表5。

表5 奥地利各驾照类型初学及增驾的实际练习学时和教学要求

驾照代码	相应的特定类别学时要求
A	14学时,其中至少10学时在有公共交通的道路上进行;申请A类驾照时年龄在39岁及以上的,必须在有公共交通的道路上额外练习2学时
B	18学时,包括3学时的预训练、3学时的基础训练、6学时的主要训练、5学时的完善培训(包括3学时的特殊驾驶,其中1学时夜间驾驶、1学时高速公路驾驶、1学时普通道路驾驶)、1学时考试准备
B 和 BE	除B类外,增加4学时BE类的课程
B 和 C/C1	20学时,其中8学时是B类的课程,12学时是C/C1类的课程
B 和 C/C1 和 CE(C1E)	22学时,其中8学时是B类的课程,10学时是C/C1类的课程,4学时是CE/C1E类的课程
B 和 D/D1	20学时,其中8学时是B类的课程,12学时是D/D1类的课程
B 和 C/C1 和 D/D1	26学时,其中8学时是B类的课程,10学时是C/C1类的课程,8学时是D/D1类的课程
B 和 C/C1 和 CE(C1E)和 D/D1	28学时,其中8学时是B类的课程,8学时是C/C1类的课程,8学时是D/D1类的课程,4学时是CE/C1E类的课程
F	4学时

C/C1类和D/D1类驾照的实践培训只能在完成B类3学时的预训练和3学时的基础训练后才能开始。B类的最终培训(1学时夜间驾驶、1学时高速公路驾驶)只有在完成C/C1类和D/D1类的实践培训后才能进行。

此外,申请人必须提供具备紧急救生能力的证明或完成救护培训课程才能获得驾照。除AM、D、DE类外,申请驾照时,应接受不少于6小时的紧急救生措施教学,其中包括不少于1小时的理论指导和不少于4小时的实践练习;D类和DE类的救护培训课程为16小时。紧急救生措施的指导通常由驾校提供,救护培训课程由指定机构提供,如奥地利红十字会、医学协会、医院等。紧急救生措施的培训应包括以下内容:①安全和自我保护;②紧急危险救援;③紧急呼叫;④心肺复苏(包括除颤);⑤止血;⑥紧急援助。

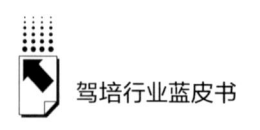

三 驾驶考试组织与实施

(一)驾驶考试内容及标准

奥地利学驾的理论知识考试采取计算机考试的形式,考试成绩达到总分的80%即通过,理论考试内容应按照表6的要求进行设置,除通用知识外,对报考A1、A2、A、B、C1、C、D、BE、C1E、CE、D1E、DE和F类驾照的学员还应按照扩展知识进行考核。

表6 奥地利学驾理论考试内容要求

知识类型		具体内容
通用知识		交通标志,优先通行,驾驶能力,一般交通规则,乡村道路和城市道路上的驾驶行为,驾驶技术,交通事故处置,行驶速度,行驶视觉,超车,驾驶职责,在铁路道口、十字路口、隧道行驶等
扩展知识	A1、A2和A类	适用于A类的法规、载客和使用拖车的内容、特殊车辆技术、危险品相关知识、驾驶技术与视觉、防护设备、高速公路驾驶、车速与视觉、超车、车辆安全、货物安全、乘车人和儿童安全等
	B类	适用于B类的法规、载客和使用拖车的内容、危险品相关知识、高速公路驾驶、车速与视觉、超车、车辆安全、货物安全、运输人员安全(重点关注安全带和头枕的使用以及儿童保护措施)等
	C1、C类	适用于C1和C类的法律和其他法规、特殊车辆和结构的必要知识、长途运输和经济管理知识、车辆粘贴标识、装载安全、危险品相关知识、特殊车辆技术、车辆安全、货物安全、运输人员安全(重点关注安全带和头枕的使用以及儿童保护措施)等
	D类	适用于D1和D类的法律和其他法规、关于通用客车的设备和结构的必要知识、危险品相关知识、特殊车辆技术、车辆安全、货物安全、乘客运输的管理责任(重点关注乘客的安全和舒适以及儿童保护措施)等
	BE、C1E、CE、D1E和DE类	拖车刹车,拖车操作,装载安全,车厢、电气设备及危险品相关知识,特殊车辆技术等
	F类	适用于F类的法律、牵引机刹车技术(电气系统、底盘、发动机、动力传输系统)、制动器知识、驾驶技术、装载安全、危险品相关知识等

驾校至少满足以下要求时，可授权为理论考试中心：①有一台考试管理计算机；②有 6 台计算机考试设备；③有一个存储容量 32MB 的 U 盘；④有一台打印机。

实际驾驶考试必须包括以下部分：①车辆检查；②自由道路下的练习驾驶，包括倒车、上坡、进出停车位、紧急制动练习等；③在道路上驾驶，A1、A2、A、B 和 BE 类至少 25 分钟，C（C1）、CE（C1E）、D（D1）、DE（D1E）类至少 45 分钟；④经验讨论。实际驾驶考试必须按上述顺序进行。

（二）考试管理要求

完成驾校的理论驾驶培训后，可申请理论驾驶考试，这部分考试在计算机上进行。参加理论驾驶考试前还应提交有效的体检报告。参加理论驾驶考试时，因违反规定取消考试资格的，9 个月后才能再次参加考试。

通过了理论驾驶考试并达到所需驾照要求的最低年龄限制后，申请人才能参加实际驾驶考试，且必须在 18 个月内完成实际驾驶考试，否则理论驾驶考试成绩作废，申请人需要重新参加理论驾驶考试。实际驾驶考试与试驾过程中，考试车内除有学员与考官外，还应有教练员以及符合要求的陪同人员共同参与，考官应在试驾时及时告知学员要驾驶的路线。当理论或实践考试有一项未通过时，学员在两周内不得重新参加考试。

理论考试的费用为每个模块 5.5 欧元（约 41 元）；实际驾驶考试的费用为 A、B、BE 和 F 类 60 欧元（约 441 元），其他类为 90 欧元（约 661 元）；C（C1）类和 D（D1）类考试共 180 欧元（约 1323 元）。实际驾驶考试通过后，考官会发给学员临时驾照和费用单。

四　多阶段培训

（一）不同车型的多阶段培训时长

在首次获得 A1、A2、A、B 类驾照时，申请人应在规定的期限完成多

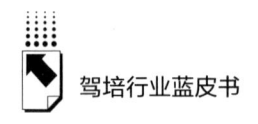

阶段培训。B类驾照应在1年内完成，A类驾照应在14个月内完成。培训应包括有公共交通的道路驾驶、交通心理学等驾驶安全培训，A1，A2、A类还应包括危险感知培训。如果未按时完成多阶段培训，驾照可能会被吊销，可以向当局证明的某些情况下（如严重疾病、怀孕）例外。

1. B类的多阶段培训

A. 有公共交通的道路驾驶：获得驾照后2~4个月；

B. 交通心理学部分的驾驶安全培训：获得驾照后3~9个月；

C. 第二次有公共交通的道路驾驶：获得驾照后6~12个月。

2. B类结合L17的多阶段培训

A. 交通心理学部分的驾驶安全培训：获得驾照后3~9个月；

B. 有公共交通的道路驾驶：获得驾照后6~12个月

3. A类的多阶段培训

A. 交通心理学部分的驾驶安全培训和危险感知培训：获得驾照后2~12个月；

B. 有公共交通的道路驾驶：获得驾照后4~14个月。

（二）有公共交通的道路驾驶

B类多阶段培训应特别注意视觉技术、避免事故的防御性驾驶、环保和节油的驾驶方式以及道路使用者的社会行为等。在驾驶过程中，申请人会收到有关其驾驶行为和技能的专业和客观的反馈。有公共交通的道路驾驶会持续约两个小时，包括实践部分和后续讨论，后续讨论时间约50分钟。

第二次有公共交通的道路驾驶的重点是环保节油驾驶方式，整个驾驶过程分为3个部分：首先自由驾驶至少持续15分钟，在驾驶过程中会同时测量油耗和行程时间；其次，交流环保和节油驾驶的知识；最后，重复驾驶行程，同时测量油耗和行程时间。对两次驾驶结果，考官会从环保驾驶和道路安全的角度进行分析。有公共交通的道路驾驶可以在申请人选择的驾驶学校完成，也可以使用私人车辆。

（三）交通心理学部分的驾驶安全培训

培训的内容应包括驾驶安全培训以及涉及化解危险的策略（如制动技术和规避操作）。B类驾驶安全培训共6个学时，分为理论部分的1学时和实践部分的5学时。在驾驶安全培训的同一天，将进行交通心理学小组讨论，讨论事故类型和风险（如逃生倾向）。小组讨论会开展两次，每次50分钟。A类的交通心理学小组讨论只有75分钟，随后会进行75分钟的危险感知培训课程。

五 经验借鉴

奥地利的驾驶人管理法规、驾照许可条件、驾照管理、培训方法、驾驶考试等内容，能够为我国驾驶人培训考试工作提供以下参考和借鉴。

（一）注重学员危险感知能力培训

良好的风险感知和管控能力有助于学员养成预判风险、正确处置各类危险紧急情况的能力，养成防御性驾驶的习惯，对安全驾驶有重要作用。

奥地利对学员有一套完整的风险感知培训体系，同时注重学员的心理状况，注重培养学员的风险感知和管控能力。当前，我国对驾驶人在风险感知和管控能力的培训主要集中在理论培训环节，且仅要求学员能发现相应场景下的危险因素，未要求学员掌握应对这些危险场景的方法。

鉴于奥地利对学员的风险感知和管控能力培养的经验，我国针对学员危险感知和管控能力的培养应当予以强化，在培训内容上应继续完善危险源辨识章节的有关内容，同时增加各种风险管控的应对措施和要求；应当在教学大纲中明确采用场景模拟驾驶培训的方式进行风险感知和管控培训，并对模拟的场景进行标准化规定和要求。

（二）完善实习期驾驶管理手段

实习期是驾驶人拿到驾驶证后顺利过渡至安全驾驶阶段的关键时期。在

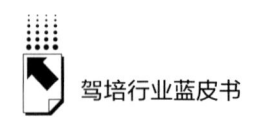

驾驶证管理体系中,奥地利实习期的年限更长,且明确了实习期的管理要求,明确规定了学员在实习期内的禁止行为。奥地利的实习期为 3 年,且在实习期内对驾驶员按驾照类型做出了更为严格的要求,以此考察驾驶员的驾驶适宜性。我国法律规定,驾驶人初次拿到汽车类或摩托车类驾驶证后的 12 个月为驾驶实习期,实习期时间较短,且未细化实习期内的违法驾驶行为处罚,仅明确实习期内记满 12 分及以上,实习的准驾车型驾驶资格会被注销。

当前,我国绝大部分的驾驶人缺乏实习期驾驶经验,导致实习期管理规定无法落地。鉴于此,我国应当完善实习期驾驶证管理要求,一是适当增加实习期的时长;二是按驾照类型细化驾驶人在实习期内的交通违法处罚等相关要求,对实习期内产生严重违法行为的驾驶员,实习期要顺延,并记录在驾驶证上,且实习期相关的管理规定也要顺延。

(三)丰富驾驶培训教学方式

随着信息技术的不断进步,学员的学驾理念发生了重大变化,在注重服务品质的同时,开始关注学驾的个性化、多元化。当前,奥地利不拘泥于传统的课堂授课模式,采取讨论、实际参与、对比实践等方式,如要求驾驶员进行事故案例课堂讨论、开展节能驾驶对比实践培训等,更加注重学员的参与感、体验感,为学员营造更加舒适、有趣的授课氛围。

驾培行业作为一个传授安全驾驶知识和技能的传统行业,在数字化时代,需要构建优质、个性化的培训体系,加强培训内容的质量建设,注重课程教学设计等,以智能设备助力培训服务质量提升,多方位提升学员学驾体验。

本文作者为刘畅、孟兴凯。刘畅,交通运输部公路科学研究院研究实习员;孟兴凯,交通运输部公路科学研究院副研究员。

市场发展篇

B.6
学员投诉与满意度的规范管理

摘　要： 学员满意度关系驾校的声誉和口碑，也关系驾培行业的未来发展。当前，由于管理部门疏于对驾培市场的引导、管理与监督，再加上驾校自身经营不规范以及学员对驾培市场不了解等，部分驾校面临较多来自学员的投诉。这些投诉主要集中在退费纠纷、经营资质投诉、规范服务纠纷、额外收费纠纷、课程安排纠纷及培训效果纠纷六个方面。为了进一步降低投诉率、提高学员满意度，不仅管理部门、驾校与学员需要共同努力规范驾培市场，还需要建立健全学员满意度评价制度。

关键词： 驾培行业　投诉　满意度

近年来，随着消费者权益保护意识的不断增强，学驾人员对机动车驾驶培训机构服务水平的要求也越来越高，针对驾校经营过程中与学员利益相关的投诉日益增多。为切实保护消费者权益，提高驾校服务水平，交通运输部在2022年新修订的《机动车驾驶员培训管理规定》（2022年第32号部令）中首次对学员满意度评价提出具体要求，[①] 不但要求驾校应在经营场所的醒目位置公示学员参与满意度评价的方式，也要求省级交通运输主管部门建立的驾校质量信誉考评价体系中应包含学员满意度评价情况。

因此，减少学员投诉，建立学员满意度评价制度，努力提高学员满意度，将是交通运输主管部门促进驾培行业稳定发展、提升驾校培训服务质量有效手段之一。

一 部分地区学员满意度概况

据交通运输部公路科学研究院汽运中心调研，近年来在政策和市场的倒逼之下，驾培行业的教学服务质量大幅提升、品牌意识加强，由此带来学员的满意度明显提升。

上海市质协用户评价中心受上海市城市交通运输管理处委托，对2022年全市各机动车驾驶员培训机构进行了上半年满意度测评工作，测评内容涉及规范经营、规范教学、廉洁带教等，并公布了该市驾培行业2022年上半年培训服务质量学员满意度测评报告，总体情况如表1所示。

表1 上海市驾培行业2022年上半年培训服务质量学员满意度测评结果

评级	数量（家）	所在满意度区间
优秀	19	93.81~90.11
良好	89	89.92~87.13

---

① 为维护学员合法权益，《机动车驾驶员培训管理规定》明确驾培机构应当与学员签订培训合同，公示经营项目、培训能力、培训内容、收费标准、投诉方式、学员满意度评价参与方式等信息，引导学员主动参与对驾培机构经营活动的监督。

续表

评级	数量（家）	所在满意度区间
尚可	71	87.10~84.03
较差	6	83.72~78.56

数据来源：《上海全市驾校学员满意度测评结果出炉，上海龙泉驾校服务赢民心测评获佳绩》，龙泉驾校总部网站，http://shlqjx.com/news/radiate/239.html。

2022年上半年，上海市驾驶员培训服务质量满意度总体为88.42，较2021年下半年上升了0.65。

苏州市2022年度驾培学员平均满意率为99.74%，满意率最高为100%，最低为97.96%，整体满意率维持在较高水平。[1]

二 学员投诉的主要类别和结构

在政府和市场的共同作用下，驾培行业长期存在的"吃拿卡要"顽疾已经基本消除，然而"驾培机构乱收费、退费难""培训服务内容与培训合同不一致""学员约车困难""学员投诉未得到及时处理"等不规范经营的现象仍然存在。

不同地区学员投诉的情况存在一定差异。例如，2023年1月，广州全市正常经营驾培机构共发生投诉549宗，其中涉及学时安排问题486宗、教学质量问题47宗、服务态度问题14宗、其他问题2宗。[2] 2022年，苏州市区共处理各类咨询、投诉案件948起。其中投诉内容主要反映三个方面的问题，一是退学退费（占比58%），二是咨询（占比20%），三是教学安排与

---

[1] 数据来自《拥有驾培机构43所，苏州市区2022年度驾培市场供需情况一览》，凤凰网江苏，http://js.ifeng.com/c/8Nm39OTAlbz，2023年2月28日。由于上海和江苏对于满意度（满意率）的统计方式存在差异，故两地满意度（满意率）的单位不同。

[2] 《1月广州驾培机构共发生投诉549宗》，广州日报百家号，https://baijiahao.baidu.com/s?id=1758712111590721159&wfr=spider&for=pc，2023年2月24日。

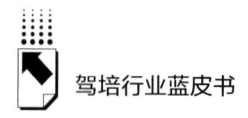

服务（占比19%）。① 这反映出部分驾培机构与学员之间的培训合同约定不明确、培训安排不够合理等问题，同时疫情也导致咨询类案件上涨较多。2022年，张家港市共处理各类驾培行业咨询、投诉案件136起。投诉内容以退学与费用、教学安排与服务等问题为主。

下面，以安徽省为例，具体分析学员投诉的主要类别和结构。

据"安徽省12328交通运输服务监督电话"平台统计，2021年全省共接到驾培行业方面的投诉电话4775起，主要涉及费用、服务质量、经营资质三个方面。②

（一）退费纠纷

此类投诉约占投诉总量的65%，是安徽省驾校投诉的主要类别，主要是学员在驾校培训过程中，由于驾校或者学员自身原因无法继续完成培训、考试后，申请退还全部或者部分培训费、考试费时，遭遇退费难、退费周期长、退费比例不符合预期等问题时产生的纠纷。

（二）经营资质投诉

此类投诉约占安徽省驾校投诉总量的14%，主要是针对驾校场地建设不符合标准、驾校条件达不到相应等级、聘用教练员资质不符合规定以及教练车技术条件不符合要求等情况的投诉。

（三）规范服务纠纷

此类投诉约占安徽省驾校投诉总量的8%，主要是教练员在培训过程中存在"吃拿卡要"行为；教练员职业水平差，缺乏耐心，责骂学员；驾校服务水平低，诉求及反映的问题难以解决，学员反馈无门等情况引发的纠纷。

---

① 数据来自《拥有驾培机构43所，苏州市区2022年度驾培市场供需情况一览》，凤凰网江苏，http://js.ifeng.com/c/8Nm39OTAlbz，2023年2月28日。
② 江繁、陈成：《费用纠纷占多数——安徽省驾培行业投诉纠纷情况调研报告》，中国驾培微信公众号，https://mp.weixin.qq.com/s/StG4igRiIzH6PLZcIyKstg，2023年2月7日。

(四)额外收费纠纷

此类投诉约占安徽省驾校投诉总量的6%,主要是驾校和教练员在收取培训费以后,又巧立名目,收取其他额外费用引发的纠纷。例如,让学员在考前交"保过费"、考试场地适应费;让学员升级VIP,享受优先安排培训和考试等。

(五)课程安排纠纷

此类投诉约占安徽省驾校投诉总量的5%,主要是驾校培训周期过长、每辆车安排学员过多以及学员等待时间长而学车时间少等情况引发的纠纷。

(六)培训效果纠纷

此类投诉约占安徽省驾校投诉总量的2%,主要是学员认为驾校培训质量不高、教练员执教水平不强以及学员多次参加考试仍无法通过等情况引发的纠纷。

三 学员投诉的成因剖析

通过分析学员投诉的具体原因,有利于找出影响学员满意度的因素,便于提出有针对性的建议,以促进行业高质量发展。

(一)管理部门层面

1. 对驾培市场的引导不够

管理部门未能及时掌握市场供需状况和发展趋势,未起到很好的引导作用,在一定程度上助长了市场的无序发展。

2. 事前、事中、事后监管不严

自驾培行业由行政许可改为备案管理以来,管理部门对驾培市场全过程

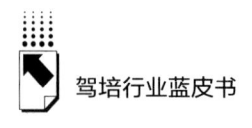

监督力度不足，造成部分驾校存在降低办学条件、培训不规范、培训质量滑坡等情况。

3.对教练员的管理弱化

自取消机动车驾驶培训教练员从业资格证以来，管理部门对教练员的管理有所弱化，而驾校又未对教练员管理肩负起主体责任，造成教练员整体素质水平降低。

（二）驾校层面

1.恶性竞争

个别驾校盲目追求利润，不满足服务条件便开始招生，导致出现管理制度不完善、收费标准不透明、服务质量难以保证等损害学员利益的情况。

2.经营不善

个别驾校经营不善、资金链断裂导致驾校倒闭，个别驾校为降低运营成本将原有驾校训练场地转卖或者改为其他用途，个别驾校转让经营权，这都使得驾校服务质量得不到保障。

3.合同不平等

驾校在培训过程中处于主导地位，为保障自身利益，往往在培训合同中设置对自身较为有利的条款。

4.教练员管理粗放

取消机动车驾驶培训教练员从业资格证以来，部分驾校聘用的教练员文化水平不高，其未经过系统培训就上岗，教学能力主要来自驾驶经验，专业知识薄弱，教学方法不科学。个别驾校对教练员管理粗放，未系统进行职业道德教育，教练员索取、收受学员财物现象时有发生。

5.一车多员现象突出

驾校为降低资金压力、减少培训成本，不愿开展计时培训，仍以学期制培训为主。每辆教练车安排多个学员同时参加培训，学员等车时间长、练车时间短，培训质量得不到保障。

6. 重考试、轻培训

部分驾校为了实现利益最大化以及满足学员"快速拿证"需求，重考试、轻培训，不按教学大纲组织教学，压缩培训学时，不少地区的驾校甚至没有开展科目一、科目三的理论培训。

（三）学员层面

1. 未仔细了解合同条款

部分学员在签订合同时，未认真阅读合同内容，未充分了解双方的权利和义务。

2. 未具体了解市场行情

部分学员未具体了解市场行情，盲目听信"价格低、学车快、包通过"等夸大宣传和虚假承诺。

3. 报名渠道不正规

部分学员不通过正规渠道报名，未实际了解驾校资质和培训环境，轻易将培训费用交由中介。

四 降低学员投诉率的对策

研究降低学员投诉率的思路，制定相应措施，既有利于加强行业管理，也有利于驾校制定合理的服务方案，还有利于学员保障自身权益，从而提升驾培行业整体服务水平。

（一）管理部门方面

行业管理部门作为裁判员，理应维护学员和驾校双方的合法权益，充分发挥政府这只"有形之手"的作用。

（1）加强政策调研。保证涉企政策制定的科学性、民主性和合法性，广泛听取行业企业、协会的意见，合理制定相关政策，逐步推进"计时培训、先培后付"等政策，确保行业稳定发展。

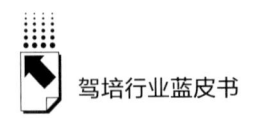

(2)加强行业监督管理。针对投诉情况，积极协调相关各方，保障学员合法权益。同时，加强行业监督管理，对驾校压缩实际培训学时、伪造培训记录、乱收费及教练员"吃拿卡要"、教学方式粗暴等行为予以打击。

(3)加强部门联合执法。加强与公安交管部门的沟通协作，强化对驾校的联合执法，维护市场秩序，提高培训质量。对于不严格按照教学大纲培训的驾校严肃查处，与公安交管部门依法实施联合惩戒。

(4)建立考核评价体系。严格落实《机动车驾驶员培训管理规定》要求，完善驾培机构质量信誉考评制度，加强对机动车驾驶员培训机构质量信誉考核结果的运用，强化对机动车驾驶员培训机构和教练员的信用监管。

（二）驾校方面

稳妥处理学员投诉实际上是驾校改进教学服务工作、提高学员满意度的机会。为了降低投诉率，驾校应做好如下几点。

(1)恪守诚信。学员是驾校生存与发展的重要资源，而诚信是学员选择驾校的关键因素之一，也是驾校可持续发展的基础与保障。驾校只有诚信经营，对学员负责，才能赢得学员的信赖，才能在激烈的市场竞争中赢得一席之地。

(2)强化培训质量。驾校应当建立完善的培训服务体系，同时严格按照教学大纲要求开展培训工作，督促学员及时参加培训，使学员能够在熟练掌握机动车驾驶技术的同时树立安全驾驶、文明行车的理念。

案例1

云南交通技师学院培训中心通过智能驾驶模拟系统，让学员接受不同道路场景和事故案例下的训练，这样学员可以更深刻地掌握特殊路段及其他特殊场景下的安全驾驶技能，从而能有效纠正其不良驾驶习惯，提高安全驾驶意识，最终实现降低道路运输交通安全事故发生率的目的。

通过创设交通安全情景式教学，以互动、体验、感悟等方式，针对不同群体进行不同层面的交通安全知识教育，从而全面增强全体交通参与者的安全意识，年均完成交通安全知识教育1万人次。

培训中心拥有心理测评设备139台，视觉检测设备4套，心理援助综合体验设备2套，情绪宣泄设备3套，音乐放松设备2套，沙盘设备1套。通过对驾驶员心理生理反应特性及其产生原因进行实验，分析其与道路行车安全的关系，并提出一定的建议，从而提高驾驶员心理素质、减少交通事故的发生，年均完成相关测试5000人次。

（3）提升从业人员素质。驾校要充分认识到从业人员素质对驾校的重要性，并加强对管理人员、教练员、业务员的系统培训，使其学习新技能，提高管理能力、教学能力、服务水平。

案例2

辽宁省本溪市华航汽车驾驶员培训学校通过培养员工"职业荣誉感+企业归属感+工作成就感"，做好人才的"选育用留"工作。

培养职业荣誉感方面，一方面，加强员工的思想教育和价值观塑造，打牢为人师表和为学员安全驾驶负责的思想基础，让"驾培行业是一个流淌着道德血液的行业"的理念深入人心。另一方面，通过鼓励员工参加社会志愿服务、公益活动，以学员评价、社会赞誉激发员工的荣誉感。

培养员工企业归属感方面，加强团队精神建设，为员工提供优渥的待遇，营造良好的工作环境。定期组织团建活动、为员工过生日、发放节日福利、免费提供工作餐等，给员工以关心和关爱。特别是在受到疫情严重冲击的情况下，坚持不裁员、不降薪，让员工真正感受到企业的温暖。

培养工作成就感方面，建立星级教练员评选制度，以价值创造主导价值分配；建立轮流代职制度，让优秀员工有成长渠道和进步空间；坚持在岗培训和脱产学习相结合，为员工提供参加全国驾培市场创新发展大会和接受专业培训的机会，让员工到全国优秀驾校参观，以帮助其开阔视野、更新观

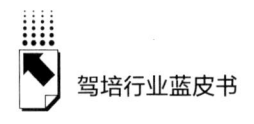

念。同时，邀请国内知名驾培专家来校现场授课，答疑解惑，全方位助力员工成长。

（三）学员方面

驾培市场存在严重的信息不对称，学员应谨慎选择驾校，不要因贪图便宜而上当受骗。学员要认准有资质的正规驾校，可以通过咨询管理部门、网上查询驾校信息、实地考察驾校办学条件等方式，了解驾校规模、信誉以及口碑。尽量选择训练设施设备全、学员满意度高、口碑好、知名度高的驾校。

同时，谨慎看待"低价、快学、包过"等宣传，理性辨别其真实性及合理性；在办理培训手续时，一定要与驾校签订培训合同，明确双方的权利及义务，尤其对容易产生纠纷的条款（如收费项目及标准、培训科目及学时、退费流程及标准等）要予以约定，保障自身合法权益；缴纳费用后，要及时要求驾校提供收据和发票，并妥善保管。

五 建立健全学员满意度评价制度

2022年9月，交通运输部新修订的《机动车驾驶员培训管理规定》（交通运输部令2022年第32号）中新增的学员满意度评价要求，是对驾校考评体系的有效补充。学员满意度评价制度的建立需要从确定评价内容、获取评价信息、应用评价结果三个方面入手。

（一）确定评价内容

1. 教学质量

包含驾校培训学时是否满足教学大纲要求、课程安排是否符合教学大纲要求、阶段教学以后是否开展阶段性考核、学时全部完成以后是否开展结业考试、学员驾驶证考试合格率情况等内容。

2. 服务质量

包含驾校收费是否公示、是否签订培训合同、培训合同是否公平公正、是否存在乱收费情况、学车时间安排是否得当、每次练车时间是否充足、学员诉求能否及时得到回应等内容。

3. 教学环境

包含驾校环境卫生情况、设施设备是否齐全、场地设计是否合理、场地项目是否齐全、教练车是否整洁等内容。

4. 教学方式

包含理论培训是否提供新媒体教学方式、是否提供模拟器教学、是否提供预约培训服务、是否提供计时培训方式等内容。

5. 教练员评价

包含教练员仪容仪表是否得体、教学语言是否清晰准确、教学方法是否科学有效、教学态度是否认真负责、教学过程中是否有"吃拿卡要"情形等内容。

（二）获取评价信息

1. 提供便捷的评价方式

驾校应通过门户网站、手机 App、微信小程序等多种方式为学员提供简单方便的评价信息获取方法。评价项目应当明确、评价方法应当简单明了，方便学员进行评价。

案例 3

云南省云交院驾校以前的学员满意度调查工作，都是由人工采用纸质材料进行登记和分析，弊端明显，不能真实反映学员对教练员教学工作的评价，而且工作效率低。

云交院驾校自 2022 年 4 月引入驾校精细化管理系统后，对学员满意度评价管理工作全面实行网络化管理。目前学员满意度评价管理工作主要包括驾校评价、学员反馈、驾校推荐度、教练评价四个维度。驾校能在第一时间

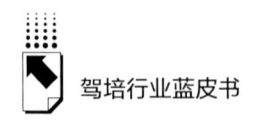

了解学员的满意度，也能在第一时间响应学员诉求，及时整改相关工作。

2. 引导学员进行评价

一是加大宣传力度，让学员了解评价的内容和参与方式；二是通过互动交流等手段，调动学员参加评价的积极，同时注重保护学员隐私。

3. 学员评价要与学员投诉情况相结合

在获取学员评价信息的同时，还应结合新闻媒体、政府网站等平台上学员的投诉信息，确保评价结果全面、客观、公正。

案例4

清远市粤通机动车驾驶人培训有限公司在学员培训中、毕业典礼后进行学员满意度评价调查，并根据学员满意度对相关工作进行考核和针对性改进，持续提升教学质量和服务水平。

（1）在学员培训全过程及毕业典礼的相关阶段进行满意度评价，凸显公司"以学员为中心，竭诚让每一位学员满意"的服务宗旨。公司在学员参加开班典礼时就告知其从报名到培训、考试、领证等各个环节遇到问题的反馈处理渠道和机制，以做到及时发现问题、有效解决问题，不断完善管理工作。

（2）学员满意度与员工绩效挂钩。开展线上线下多维的满意度评价，让满意度和绩效、员工能力联系起来，让公司每一位工作人员都成为学员满意度的责任人，着力提升学员满意度。

（3）为进一步增强驾驶人的道路交通安全意识，规范驾驶员驾车行为，公司组织参加毕业典礼的学员走进清远交通安全宣教基地参观体验。宣传员带领学员们在设备体验区进行体验、观看3D交通安全警示片，让学员掌握各类紧急情况下的应急处置技能，提升其交通安全意识。同时，宣传员会警示各类交通陋习带来的严重后果，告诫所有学员遵守交通规则、文明行驶。这项工作让学员的满意度在毕业领证时得到进一步提升，也有利于驾校树立良好的口碑。

（三）应用评价结果

1. 公布评价结果排行

管理部门可以在门户网站上定期公布辖区内驾校评价结果排行，引导学员选择评价排行靠前的驾校。

2. 针对性实施日常监督

管理部门可以结合评价结果，对学员反映强烈、投诉较多的环节开展针对性的日常监督检查，督促驾校整改完善。

3. 纳入年度质量信誉考核

管理部门可以将驾校评价结果纳入驾校年度质量信誉考核，同时可以探索将其作为驾校信用评价的一项依据。

六　结束语

解决问题最好的方式，是不让问题产生；解决学员投诉最好的办法，是不让投诉产生。每个驾校都应规范经营、加强自律，致力于让每位学员都满意，努力做到零投诉。

随着学员的年轻化，驾培市场的消费者自我意识和维权意识更强，对驾校提供的教学服务更挑剔。所以，驾校必须更认真地对待学员的意见，及时处理学员投诉，以此推动行业高质量发展。

无论如何，驾培行业所有从业人员都应该以学员为中心，以为社会培养安全文明合格的驾驶人为宗旨，办人民满意的驾培，提升驾培行业的美誉度和口碑。

本文作者为江繁、陈成、姜占峰。江繁，安徽省道路运输管理服务中心车辆工作部部长；陈成，安徽省道路运输管理服务中心办公室副主任；姜占峰，人民交通出版社股份有限公司信息技术总监。

B.7
驾校高考季营销工作研究与探讨

摘　要： "高考季"是驾校传统的招生旺季。每年1000多万名高中毕业生以及近三个月的超长暑假，促成了一个庞大的暑假学车群体。在驾培行业产能过剩的当下，高考季营销意义重大，甚至对驾校的经营都会产生重大影响。驾校应把握机会，从学生、中学和家长三方入手，科学高效地开展高考季营销活动。

关键词： 高考季　暑假学车群体　驾校营销

每年六、七两个月份，由高考衍生的"学车热"会迅速升温。1000多万名高中毕业生以及近三个月的超长暑假，促成了一个庞大的暑假学车群体。此时，各驾校都会迎来报名学车的高峰。为了争夺生源，各驾校都会围绕高中毕业生开展营销工作，线上、线下都做足了文章，我们称之为"高考季营销"。"高考季"与"春节前后""高校开学季"并称为驾校的三大营销旺季。科学、高效地开展高考季营销将对驾校经营起到关键性作用。

一　高考季营销的作用和意义

2019~2022年全国每年都有1000多万人参加高考，而且人数每年都在上升。高考结束后，高中毕业生有近三个月的超长暑假，而这正好契合了学车的周期。所以，对于驾校来说做好高考季营销意义重大。

然而，驾培行业产能过剩是不容忽视的事实，高考季学车市场份额有限，不可能满足所有驾校的需求。能否取得理想的营销成绩，关键要看驾校营销工作的质量。高考季营销与驾校日常的营销工作紧密关联，高考季招生数量，由高考季营销和驾校营销基础共同决定。高考季营销做得好，且驾校营销基础雄厚，才能取得理想的营销业绩。

所谓"驾校营销基础"，就是驾校的口碑品牌、营销管理水平、员工营销技能等，它对驾校的招生人数具有决定性作用。

（一）驾校的口碑和品牌影响高考季营销

驾校高考季招生数量与其口碑和品牌存在必然联系。驾校通过提升员工素质、保证教学和服务质量等措施积累起来的口碑和品牌，是高考季营销成功的基础。

驾校的服务质量越高，学员满意度就越高，驾校的口碑就越好，对高考季营销的促进效果就越好。驾校的学员分布在社会的各个领域，他们身边可能就有想学车的高中毕业生，而他们是否愿意为驾校做宣传，是否愿意为驾校推荐新学员，将对驾校高考季营销产生重大影响。

（二）驾校的知名度影响高考季营销

驾校的知名度，与高考季营销成效存在必然联系。驾校的知名度越高，对高考季招生的促进作用就越大。

做好宣传工作，可有效提高驾校知名度。南昌白云驾校举办的"迎七夕情人节千人接吻大赛"轰动了整个驾培行业；郑州车小二集团开展的"传授学员实战灭火技能"引发各路媒体广泛报道；很多驾校都利用12月2日全国交通安全日这个契机开展宣传活动……这些活动对驾校知名度的提高产生了积极作用，从而为高考季营销奠定了基础。

（三）驾校高考季营销影响驾校的声誉

高考季营销也能对驾校的口碑和品牌产生影响。很多驾校都会以高考为

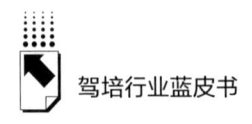

主题开展一系公益列活动，如为高考生祈福、"爱心送考"、设置"高考爱心服务站"等。这些公益活动，能够获得高中毕业生及其家长的好评，有助于驾校赢得更好的口碑。

很多驾校围绕"让家长放心、孩子舒心"这一理念增设很多服务项目。在教学上，选派优秀教练员、为高考生独立编班、开设夜间训练等。很多驾校开展了"高考志愿填报讲座""如何适应大学生活专题讲座"等增值服务，也有很多驾校组织学员开展一系列休闲活动，如拓展训练、消夏篝火晚会、电玩大赛、免费看电影等。

这一系列活动，既提升了高中毕业生及其家长的满意度，也提升了驾校的口碑和知名度，而这又会对今后驾校的营销工作产生推动作用。

二 如何开展与学校和高中毕业生的接触

暑假班的学员主要是高中毕业生，所以驾校应将营销目标锁定在高中毕业生这一群体上，围绕他们多做一些工作。

（一）与高中毕业生接触的目的

高考生的学习安排比较紧张，生活环境也相对封闭，所以与他们接触并不容易。此外，他们经济上没有独立，对于学车这件事自己并不能完全做主。以此看来，驾校与他们接触不会有明显的效果。其实不然，高考前的积极接触，虽然不会促使大批学生马上报名，但可为高考后的"报名高峰"打下基础。围绕高中毕业生开展工作，要达到三个目的。

1. 寻找"准学员"

很多高中毕业生希望利用假期考取驾照，而与高中毕业生积极接触，就是要找出这部分人，动员他们报名学车。不能马上报名的，也应积极吸引他们，待到高考后动员其报名。

2. 激发高中毕业生的学车动机

与高中毕业生接触的另一个重要目的，就是激发他们的学车动机。要让他们认识到，驾驶技能是一项必备技能，早晚都要学，高考后近三个月的长假正是学车的好时机。同时，驾校可通过发放学车优惠券、在高考后举办试学试驾等活动激发他们的学车动机。

3.给高中毕业生留下深刻印象

高中毕业生的精力基本上都放在学习上，他们对驾校知之甚少。因此，有必要在不影响他们学习的情况下，采取措施让他们了解驾校。

只要高中毕业生对驾校有了印象，甚至有了"好印象"或"深刻印象"，其高考后报名的概率就会增加。高中毕业生的交际圈基本为同龄人，所以他们更容易组团报名。

（二）充分与中学进行沟通交流

驾校与中学建立良好的关系，可为接触高中毕业生创造机会和条件，也能为高考季营销提供方便。所以，应当有计划地与中学进行沟通交流，增进双方的了解和互信，并建立良好的关系。

1.时间要提前

古人曰："凡事预则立，不预则废。"对于本项工作，有的驾校春节后就开始着手，毫无疑问，开展越早效果越好。

2.措施要得当

驾校建立与中学的良好关系，一定要秉持共赢原则，既不能影响高中毕业生的学习，同时又能让驾校尽社会责任，拉近与中学的关系。

所以，驾校可对其他年级的学生进行交通安全教育。一是走出去，即走进学校进行讲授；二是把他们请到驾校，利用驾校的交通安全教育警示基地进行讲授。这些学生未来也会成为高中毕业生，他们也是"准学员"。他们接受驾校的交通安全教育，对驾校产生良好的印象，必将有利于驾校今后的营销工作。

案例1

针对高考生市场的鲜明特点，辽宁省本溪市华航汽车驾驶员培训学校

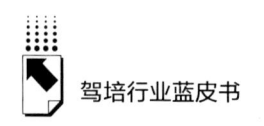

采取"公益先行,创造价值;着眼长远,持续发力;触点管理,体验营销"的方式,充分挖掘高考生市场潜力。

第一,公益先行,创造价值。一是利用"交通安全进校园、进社区"活动,在传播交通安全知识的同时提高驾校知名度。二是连续10年坚持开展高考志愿服务"绿丝带行动",高考期间为高考生提供免费"一对一"接送服务,为高考生和家长提供饮水、解暑药品等服务,取得了很好的品牌效应和社会反响。三是高考后组织志愿填报辅导、适应大学生活知识讲座等公益性活动,减轻学生和家长的压力和焦虑。

第二,着眼长远,持续发力。驾校注重从平时入手,打造和推广驾校品牌。驾校以"交通安全进校园"为载体,走进大、中、小学校园,在承担社会责任的同时,塑造驾校形象、提升影响力。10余年来,驾校坚持提供高考爱心志愿服务、交通安全出行志愿服务、捐资助学、扶贫帮困等社会公益活动,疫情期间始终坚持战斗在疫情防控一线,免费出人出车支持政府、帮助群众做好防疫工作,不断提高驾校的曝光率和知名度,打造具有社会责任感的驾校形象。

第三,触点管理,体验营销。不断设计和创造与目标客户的"触点",以交通安全宣讲、社会公益服务、疫情志愿服务、高考"一对一"接送、志愿填报辅导、大学生活知识讲座等形式不断强化品牌价值;通过到校参观、体验、试学试驾等实地体验,打消学生顾虑;通过媒体宣传、KOL引导等形式,不断塑造驾校形象。驾校食堂"乔家大院"的老板乔叔在学生和家长当中具有很高的知名度,我们充分发挥乔叔作为KOL的引导作用,起到了很好的效果。

2021年学员招生量由2020年的578人提高到831人,同比增长近44%。2022年,在市场总体萎缩21.2%的情况下,学员招生量与往年基本持平,体现了品牌引力。

(三)有计划地与高中毕业生进行接触

高考前的学习和生活既紧张又忙碌,所以,应在尽可能不打扰或少打扰的前提下，与高中毕业生接触。

1. 参与"高考百日誓师大会"

大多数高中都会举行高考百日誓师大会，通常在每年2月27日前后。参会的高中毕业生、教师还有很多家长通常有数百人甚至逾千人。有的高中还会将"高考百日誓师大会"与"成人礼"结合起来。这样重要的大型会议，正是最好的营销机会，驾校应把握住这次机会。

2. 高考公益活动

很多驾校都会在高考前后组织开展一系列高考公益活动，如高考前送高中毕业生回家、看考场接送、高考日接送。开展这些公益活动，一是体现了驾校的社会责任意识，二是可借机与高中毕业生进行接触交流。此外，每年高考成绩公布后，学校会组织高中毕业生返校，对高考志愿填报注意事项进行一次集中宣讲，驾校亦可抓住这个机会。

案例2

高考生一直是驾校招生的重点群体，除每年高考后开展的营销活动外，贵州吉源驾校自2019年起在高考首日组织人员带着象征"一举夺魁"的向日葵，来到贵阳市各高考考点，为考生送上祝福。

而高考结束后，吉源驾校也积极开设高考专班，为高考学生定制升级服务，为学员提供更优的学车选择。

三 驾校如何赢得家长认可

对于高中毕业生而言，一般情况下，是家长替他们选驾校，所以驾校应以"让家长认可"为重点开展营销活动。而家长支持孩子学车，主要原因有以下几点。一是，开车是一项实用性技能，取得驾照对今后的工作和生活能产生积极影响；二是，学生学车可以把高考后近三个月的长假利用起来，避免虚度时间；三是，出于从众心理让自己孩子学车。

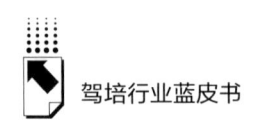

（一）满足家长的需求

调查表明，家长为孩子选驾校时考虑最多的因素是：口碑、价格、拿证速度、熟悉度。这四个因素反映了家长们的需求，而这正是驾校要重点打造的。

1. 家长会给孩子选口碑好的驾校

家长们都是"过来人"，他们中有些人学车时，驾培行业还不像如今这么规范，很多人都曾体验过劣质服务，"吃拿卡要"和"粗暴教学"让他们痛恨不已。所以，他们给孩子选驾校时特别注重驾校口碑。驾校应当提升教学服务质量，加强口碑建设。

2. 家长会考虑学车价格

家长对学车价格有所要求是可以理解的。其实，家长并不是将价格作为首要考虑因素，只要是价格适中，他们就能接受。所以，驾校在价格制定上应分层分级，满足不同学员的学驾需求。

3. 家长会考虑拿证速度

拿证速度对于"准大学生"来说是十分重要的，因为他们都希望在暑假期间将驾照"拿下"。所以拿证速度也是家长为孩子选择驾校时的考虑因素。对此，驾校应在按照教学大纲要求开展培训的前提下，从提升教练员素质、优化教学设备等方面，在保证教学质量的前提下，提升学员拿证速度。

4. 家长会考虑有熟人在的驾校

家长一般会偏向选择有熟人在的驾校，因此，驾校应将员工发动起来进行广泛的自我宣传，以此挖掘潜在客户。

（二）积极开展营销活动

吸引一名高中毕业生家长，在很大程度上就等于吸引了一名学员。为此，驾校应围绕学生家长积极开展营销活动。

1. 成人礼活动

成人礼活动可让高中毕业生认识到自己的社会责任和义务，从而更好地融入社会。这项活动深受家长们的欢迎。驾校可以举办成人礼活动，邀请家长和学生参加。

2. 高考祈福活动

高考祈福受到家长们的热捧，每年高考前都会有很多家长到各地寺院虔诚祈祷，希望孩子取得优异的成绩。为此，驾校可以组织有祈福意愿的家长一同前往祈福地，为孩子祈福；而无法前去祈福的家长，可到驾校领取祈福相关礼品。

案例3

为预祝考生取得理想的成绩，幸福壹佰驾考集团携中高考家长远赴500多公里外的五台山为3000多名考生祈福，主要进行了以下活动。

一、祈福信物——手链和丝带

驾校给考生们准备了"金榜题名"手链及"学业有成"祈福带，寓意考生可以取得好成绩，金榜题名。活动结束后，"金榜题名"手链送给考生，"学业有成"祈福带挂在晋城莲花寺内。

二、祈福高中——粽子

在祈福现场，幸福壹佰驾考集团员工用泉水清洗粽叶、粽米，包成粽子后送给大家，寓意考生"高中"，这是对无数学子最美好的祝福。

三、祈福鱼跃龙门——放生

在黛螺顶山下的河边进行了锦鲤放生活动，寓意今年中高考生考试答题顺顺利利。

高考祈福系列活动受到了家长们的热烈欢迎。他们在领取专门为孩子准备的祈福手链和粽子时，除了向幸福壹佰驾考集团表示感谢外，有很多家长现场就给孩子报名或进行了学车报名登记。

3. 高考百日誓师大会

大多数高中都会在高考前100天举行高考百日誓师大会，驾校可通过赞助的方式为驾校做宣传。

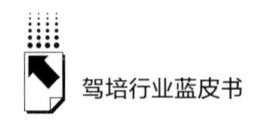

（三）提供增值服务

为"准大学生"们提供增值服务，能够进一步提升家长对驾校的信任。很多驾校对暑假班学员提供增值服务，受到了家长们的一致好评，报名人数自然就增加了。

1. 独立编班

通过调查发现，由于学生涉世未深，很多家长担心自己的孩子跟其他人学得一些陋习。根据这种情况，有驾校推出了新班型——"学生班""高考直通班"等。

2. 举行高考志愿填报指导讲座

高考成绩公布后，家长和高中毕业生非常关心高考志愿填报。很多驾校聘请专业人士举行高考志愿填报指导讲座，主要内容有：

（1）填报高考志愿的重要性及家长应掌握的基本知识；

（2）目前主要高校所设专业情况；

（3）如何为志愿填报做好各项准备工作；

（4）各批次志愿填报的科学方法和技巧；

（5）填报高考志愿的案例分析及其他相关内容。

3. 开设"如何适应大学生活和学习"讲座

聘请在读大学生举办"如何适应大学生活和学习"的专题讲座，讲座内容非常丰富，包括如何选择选修课、如何为考研究生打基础、如何参加社团组织、如何勤工俭学等。这些内容也是家长和高中毕业生感兴趣的。

四 如何争取暑假班学员转介绍

高考结束后，很多高中毕业生便会陆续到驾校学车。据调查，每年的6月20日左右是报名的第一个高峰，7月初是报名的第二个高峰。而第二个报名高峰与第一拨学员的转介绍密不可分。所以，争取暑假班学员的转介绍，就成为驾校的工作重点。

（一）满足学员学驾需求是学员转介绍的前提

暑假班学员人数较多且训练时间较为集中，所以每年六月、七月、八月三个月，每所驾校都面临巨大的训练压力。"排队上车""约车难""约考难"等一系列问题也就更加凸显。驾校应当采取措施，解决这些难题，确保学员满意度。

1. 增加培训力量

增加培训力量，是解决暑假班学员"约车难"的有效办法。驾校应当在学车高峰期组建具有弹性的教练员队伍，并对他们加强管理，以缓解训练压力。

2. 开设夜训班

开设夜训班，不但能够缓解驾校训练压力，也能满足一些怕晒和白天没时间训练的学员的需求。驾校应为此做充分准备，安装照明设备、涂画训练标线、安排学员接送班车等。

3. 采用智能化教学设备

在暑假学车高峰期，"教练员数量不足"便成为各个驾校面临的一大难题。驾校可以招聘数量充足的教练员来保证暑假班训练需要，然而暑假班过后参训学员数量会迅速减少，教练员就会相对空闲。

采用"机器人教练"可以解决这一问题。目前，很多地区都出台政策明确规定：使用人工智能机器人教练开展场地教学的，一辆智能机器人教练视为"一名教练员和一辆教练车"，计入培训能力。所以在暑假学车高峰期采用"机器人教练"，既不必增加教练员人数，又能有效缓解暑假班的训练压力。

案例 4

某驾校暑假班招生异常火爆，"练车难"的问题一下就暴露出来。为了解决这个问题，驾校开展夜间训练，把晚上的时间利用起来。尽管如此，还是无法从根本上解决问题。很多学员由于约不上车而心生不满，选择退学。

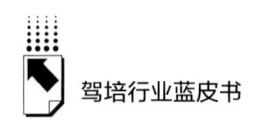

为了满足学员练车的迫切需求，驾校购入了一批驾驶教学模拟器。把模拟驾驶训练作为实操训练第一课，并抽调优秀教练员负责教学。同时规定，每一名学员首先要进行模拟驾驶训练，经测试合格后，再分车训练。这个方法很快就见到了成效，模拟驾驶培训环节不但缓解了学员约不上车的不满情绪，而且能强化学员的操作基本功。

经统计，暑假班的学员考试合格率比之前高10个百分点以上，结业人数增加了15%左右。当然，暑假班学员的年龄普遍在20岁以下，其接受能力更强，但也不能否认模拟驾驶训练对考试合格率的提升作用。

4. 为学员规划学车时间

由于暑假班学员训练安排较集中或训练时间无法与约考时间相匹配，学员免不了在通过某一科目后需要等待一段时间才能参加下一个科目的训练。这样的等待，短则几天，长则几周。这很容易让学员产生一种"没人管、没人问"的感觉，从而引发急躁或不满情绪。

对此，驾校要在学员询问之前主动联系学员，告知其可参加训练的大概时间。需要说明的是，预计的练车时间一定要实事求是。总而言之，驾校应根据学员的实际情况为学员整个学车过程进行时间规划，让学员感到心中有数，并在学员等待期间多次主动联系，让学员感觉到有人管、有人理、有人关心。

（二）让暑假班学员成为"代言人"

理论上讲，每一名暑假班学员都是一个"自媒体"。他们可以用手机记录学车过程中的每一个细节，并同过微信朋友圈、抖音等社交平台传播出去。所以，驾校应全力争取让暑假班学员成为"代言人"。

毋庸置疑，成为驾校"代言人"的学员越多，对暑假班招生就越有利。为了达到这个目的，驾校应组织开展各种活动，来增加学员对驾校的认可和满意度。

除了上文提及的高考志愿填报讲座等活动，由于暑假班学员都是年轻人，他们追求新奇和潮流，也乐于分享他们觉得快乐、有趣、新奇的事情，所以，驾校应投其所好，举办诸如"电竞大赛""消夏篝火晚会""驾驶卡丁车"等活动。此外，驾校可设置网红墙和打卡点，吸引学员拍摄和传播。

驾校还应向学员讲述企业文化。驾校的企业文化是驾校的灵魂，"教车育人""培养中国好司机"等优秀理念理应得到学员的认可。学员只有心中认可，才会积极主动宣传驾校。为此，一要让学员看到驾校企业文化，在驾校的显著位置展示反映企业文化的故事或案例；二要让学员听到驾校企业文化，把讲述驾校企业文化当成教练员的授课内容，通过讲故事的形式真切地让学员感受企业文化。

案例5

北京市海淀驾校专门为高中毕业生量身定制了专属班型——"SEE+一切皆可见 花式学车"（以下简称"SEE+班"）。

"SEE"既是一个英文单词，中文的意思是看见，同时也由Simplification（简化）、Efficiency（高效）、Enjoyment（享受）三个单词的首字母组成。"SEE+班"可以理解为：学车全过程具有简化、高效、享受、科技含量高的特点，处处精彩，一切皆可见。

"SEE+班"具有一个又一个亮点，把"花式学车"演绎得淋漓尽致。因此，这个班型获得了学员以及家长们的高度认可，驾校也获得了经济效益和社会效益双丰收。这个班型的特点是：

好——金牌教练执教，可选女教练；

快——25~35天可拿证；

新——全新宝来、百度智能教练车；

省——专属学车管家服务，学车更省心；

免——免补考费。

学员报名即送"卡丁车体验券"、"拿证后陪练券"以及高档"学车大礼包"。在学员拿证当日，还有机会开着驾校的车回家。图1是"SEE+班"的学车流程。

为了锻炼"SEE+班"学员的驾驶能力，也为了让他们的家长检阅学员

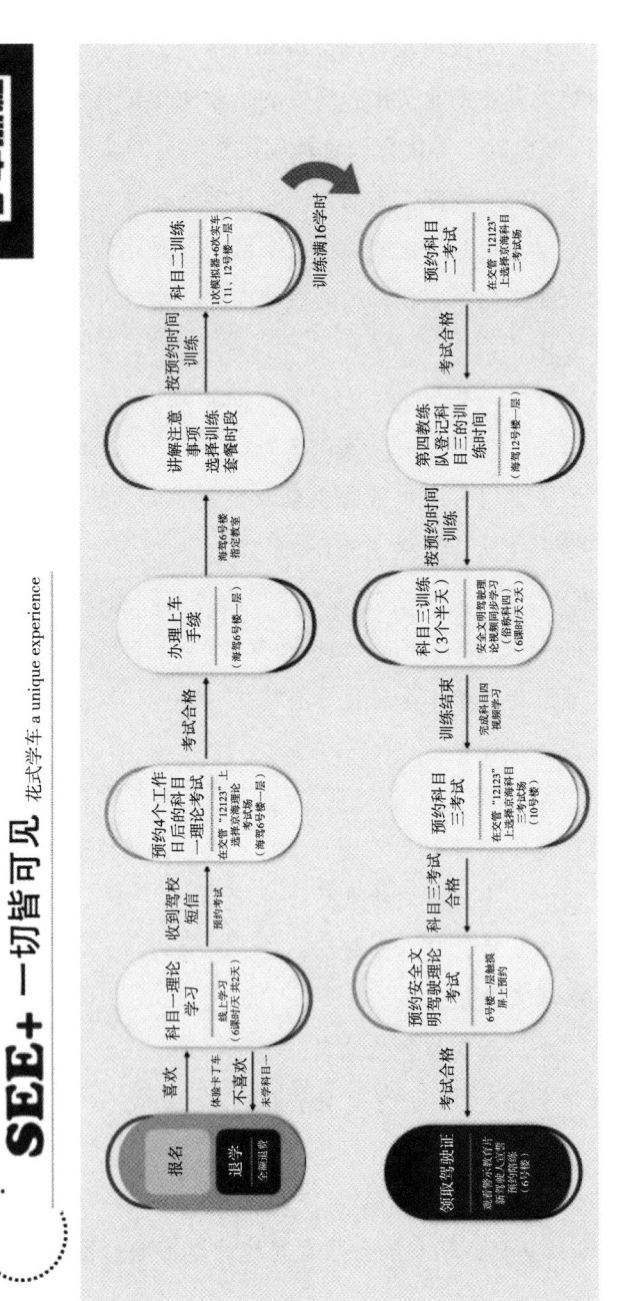

图1 "SEE+班"的学车流程

的学驾成效，驾校在"SEE+班"学员拿证后，组织学员和家长共同参加"新驾驶人安全文明驾驶训练营"（即新手训练营，见图2），以自驾的方式进行实际道路驾驶之旅。新手训练营围绕"畅游"和"乐学"的原则进行。

畅游，指的是指导学员使用"百度新手导航"，在机非混行、环岛、山路等多种复杂情况下到达露营地。乐学，指的是给学员们讲解北京古都的历史文化、交规知识、驾驶技巧及驾驶礼仪。同时，在露营地进行"交通安全知识问答"，提醒学员遵守交通规则，安全文明驾驶、礼让行人。

这种寓教于乐的方式赢得了学员和家长的一致肯定。北京海淀驾校的"SEE+班"取得了较好的营销业绩。其成功的原因，就是它是为高考季学员量身定制。班型的设计思路，既考虑了高中毕业生的兴趣爱好，又考虑了家长的需求。这个班型将"SEE+一切皆可见"体现得淋漓尽致，不但吸引了大批高中毕业生前来学车，而且他们"愿意、主动、快速"地向社会传播"花式学车"的感受。

图2 "SEE+班"新手训练营

五 结束语

在驾培行业产能过剩的当下，高考季营销对于驾校招生而言十分重要。

做好高考季营销工作，驾校需要提前缜密策划，也需要脚踏实地团队作战。营销理念正确、营销策略恰当，再加上不懈的努力，驾校才能取得理想的营销效果。

本文作者为冯晓乐、徐小灵。冯晓乐，中国交通运输协会驾驶培训分会专家委员会执行主任；徐小灵，中国交通运输协会驾驶培训分会副秘书长、北京市海淀驾校副校长。

B.8
保险与驾培市场融合发展

摘　要： 围绕"安全"这一主题，驾培与保险行业可以发挥各自优势，共同经营客户资源，开创融合业务场景。在驾校场景下，驾培行业保费规模下降，风险保障能力不足；各险种发展不均衡，资源挖掘不充分，个别险种存在退市风险；机动车辆保险数据异常。因此，有必要挖掘驾校集中在"人车场"方面的保险资源。据测算，对于单体二类驾校而言，"驾培+保险"所创造的产值相当于再造一家驾校。而对于运用保险拓展驾校资源，涌现出不少成功案例，如山东正直集团、"保驾之家"、"师徒保"、学员失学险等。

关键词： 驾培　保险　驾校学员

随着人口红利的持续萎缩、驾校学员增量业务的持续疲软，驾培市场整体生存环境还将持续恶化，供需不平衡、产能过剩是最大的制约因素。对于驾培行业而言，单靠自身实现突破发展存在巨大阻碍。驾培行业在持续规范内部管理、提升服务品质来创造效益的同时，也需要放大格局，找到价值趋同的相关行业，与之融合发展，如此才有望打开一片更为广阔的天地。

围绕"安全"这一主题，驾培与保险行业可以发挥各自优势，共同经营客户资源，开创融合业务场景。许多主体在"驾培+保险"这一创新道路上开始了先行先试，并取得了良好的效果。

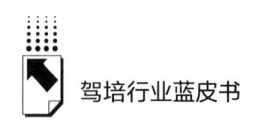

一 驾校场景下的保险发展情况

(一)驾校的主要保险需求与痛点

驾校作为驾驶员培训的入口,必须具备安全经营与风险管理意识,购买保险来实现经营风险的转嫁,已成为驾校的常规管理动作。因此,在驾校经营成本中,购买各类保险的费用占比相对较大。根据不同时期的驾校风险管理需求,主要适配的保险产品为机动车辆保险、学员及员工意外保险、学员意外附加考试损失补偿保险、履约保证保险等(见表1)。

表1 驾校的主要保险需求与痛点

险种	需求	主导	驾校痛点
机动车辆保险	法定保险,教练车审车必备材料;交通事故风险保障	驾校	固定成本难以降低,对赔付率低的车型无法实现优质优价
学员及员工意外险	学员及员工的意外风险保障	学员及员工	产品保障单一,风险保障效果不好,学员自愿购买意愿不强,风险覆盖率低;驾校统一购买,成本与收益不成正比,对招生助益不大
学员意外附加考试损失补偿保险	契合学员考试场景,学员接受程度较高;有利于驾校教学成本管理,有助于驾校招生;学员驾驶考试挂科的补考费用损失保障	驾校及学员	承保条件、理赔流程设计存有问题,保险公司逐步退场,产品供应不稳定;学员体验差,纠纷多,损害驾校口碑,影响招生
失学险(履约保证保险)	存管资金替代保险产品;承担因驾校破产导致的学员"失学"风险	驾培行业协会	承保较为严格;与资金托管模式并行使用,只做部分替代

(二)近三年驾培行业保险的发展特点

(1)行业保费规模下降,风险保障能力不足。2020年9月,保险行业车险综合改革全面实施;随后,驾校车辆单均保费出现相应下降。再加上近年来驾培行业发展动能不足,不少驾校为节约成本,选择不买或者暂缓购买车辆商业险。这些因素直接导致行业整体保费规模下降,同时也造成行业风险保障能力不足,驾校经营存在风险隐患。

近些年,驾校重大安全事故时有发生。2020年7月,陕西榆林某驾校教练在载学员去练车途中发生重大交通事故,车内4名学员2死2重伤;2022年4月,浙江金华教练车事故,造成学员廖某、王某因伤势过重抢救无效死亡。[①] 据悉,相关事故中教练车大部分仅投保交强险。购买商业险的车辆,第三者责任险保额也不足,针对驾驶员和乘客的意外保险都没有购买。这反映出驾校风险保障能力不足,没有发挥好保险的风险转嫁功能,事故造成的严重损失只能由驾校承担。从整个驾培行业来看,驾校在发挥保险的风险转嫁功能上,还没有给予足够重视,许多驾校的投保险种单一、保障范围不够全面,亟须改善。

(2) 各险种发展不均衡,资源挖掘不充分,个别险种存在退市风险。除机动车辆保险、学员意外附加考试损失补偿保险保费规模较大之外,其他险种发展严重滞后,行业保险产品单一。保险险种发展不均衡,直接反映出驾校场景下的资源挖掘不充分,现有的普适型保险产品及服务难以满足驾培行业的需求,亟须针对驾培行业开发保险产品、保险服务。

学员考试损失补偿保险面临退市风险。从2020~2022年学员考试损失补偿保险的保费数据来看,三年累计保费规模为34498万元,其中2020年保费最高,达到20344万元,到2022年保费仅为1858万元,参保规模呈现断崖式下降态势(见图1)。与此同时,该险种赔付率一直高位运行,2020~2022年共赔付78562万元,整体赔付率高达228%,保险公司在该险种上严重亏损。不少保险公司逐步放弃了学员考试损失补偿保险业务。

(3) 机动车辆保险数据异常。从2020~2022年驾校教练车的保险赔付情况来看,前两年的赔付率处在36%上下,但2022年的赔付率陡降到10.57%,较2021年降低了26.43个百分点;2022年的赔付金额仅为1.11

---

① 《陕西榆林:一驾校教练车发生重大交通事故,导致两死两伤》,搜狐网,https://www.sohu.com/a/408506143_100191349,2020年7月19日;《练习科目二撞车,致两名学员死亡,浙江一驾校教练被判刑》,腾讯网,https://new.qq.com/rain/a/20230328A08C6600.html,2023年3月28日。

驾培行业蓝皮书

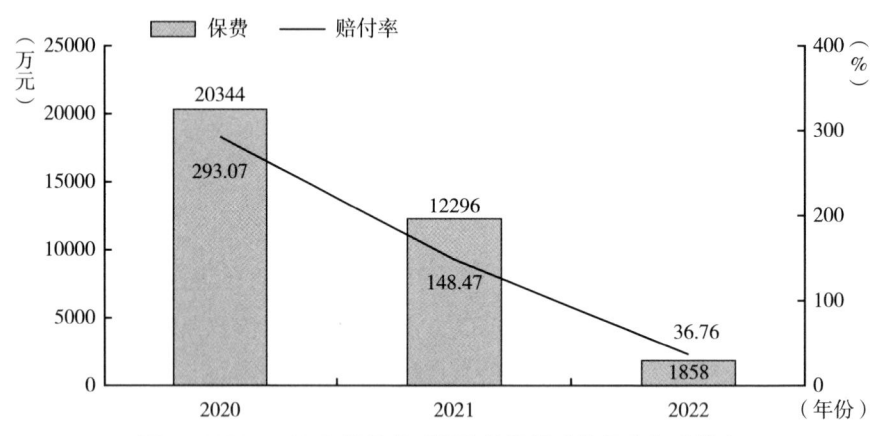

图1 2020~2022年学员考试损失补偿保险的保费与赔付率

数据来源：笔者根据相关资料统计。

亿元，较2021年减少2.51亿元，同比下降69.32%。[①] 2022年赔付数据异常的主要原因在于受疫情影响，驾校频繁歇业，教练车无法上路导致空置率较高；同时，驾校为了节约成本，对空置车辆只买交强险或者暂缓购买保险。随着疫情结束经济复苏，驾校自有车辆保险保费规模、单均保费、赔付率等数据将回归正常水平。

二 驾校场景下的保险资源

驾校是学员道路安全意识和安全驾驶技能输出的窗口，"做学员安全驾驶的引路人"是驾校教练员的职业使命。驾校的这一社会职能融合保险公司的风险管理和赔付功能，可创新双方合作模式，有利于挖掘驾校资源，以延长学员服务链为抓手，实现驾校资源的优化配置。

驾校现有的保险资源主要集中在"人车场"方面。"人"即教练员及其他员工，还有驾校多年积累的学员资源；"车"即驾校自有车辆，包含教练车、考试车、公务车等保险业务资源；"场"即报名点及训练场地。

---

① 数据来源：中银保信。

目前，驾校资源普遍使用效率不高，成本投入居高不下，产出效益较小且单一。如果运用"驾培+保险"的发展模式，就可以有针对性地提高资源使用效率，扩大利润空间。

（一）驾培行业保险资源测算

以2022年驾培行业相关数据测算，全国驾校拥有自有车辆80万辆，教练员及其他员工80万人，年招生1500万人，教练员人均存量客户按60人计算，车均保费2000元，则驾培行业保险资源约为1000亿元（见表2）。

表2　2022年驾培行业保险资源

项目	数量	单均保费	合计
"学"牌教练车	80万辆	1250元	10亿元
教练员私家车、社会关系及学员车	4800万辆	2000元	960亿元
新学员	1500万人	100元	15亿元
场地及其他预计			15亿元
合　计			1000亿元

注：教练员私家车、社会关系及学员车数量4800万辆≈教练员及其他员工80万人×人均存量客户60人/人×辆/人（即人均一辆车）。

（二）单体驾校保险资源测算

以二类驾校为例测算，假设二类驾校拥有自有车辆40辆，教练员及其他员工40人，年招生1500人，教练员人均存量客户60人，车均保费2000元，则单体驾校保险资源约为500万元（如表3所示）。

表3　单体驾校保险资源

项目	数量	单均保费	合计
"学"牌教练车	40辆	1250元	5万元
教练员私家车、社会关系及学员车	2400辆	2000元	480万元
新学员	1500人	100元	15万元
合　计			500万元

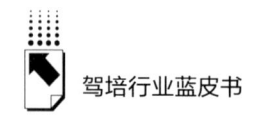

二类驾校的驾驶员年培训产值约为500万元（1500人×3300元/人），对于单体驾校来说，"驾培+保险"所创造的产值相当于再造一家驾校。

三 保险与驾培市场融合发展的优势

（一）共同价值导向

驾培和保险行业都以"安全"管理为价值坐标，涵盖事前安全意识培养、事中驾驶技能培训、事后财产损失补偿等全方位风险保障。驾校可运用"保险+驾培"的经营模式，丰富消费场景，将学员与驾校的关系从"一生一次"转变为"一生一世"，成为学员终身安全的引路人。保险和驾培双方在价值导向、管理内涵方面都高度契合，两者融合发展，可催生更多新的业务场景。

（二）行业优势互补

驾培行业重资产、线下运营模式与保险轻资产、线上运营模式能够形成互补，双方可各自发挥优势，挖掘客户群体的消费潜力，快速提高资源使用效率，增加效益。

除此之外，作为汽车后市场的重要组成部分，驾培和保险行业一直在探索融合上下游产业链，挖掘潜在资源。部分驾校在当地开设机动车检测线就是很好的例子。同在一个产业链上，驾校在拥有检测线的同时，可以与保险机构融合发展，将学员的车辆引导至检测线进行年检。由于车辆每年的保险续保日期与年检日期几乎一致，所以可以通过检测线场景化销售保险，用保险起到穿针引线、黏住客户的作用，多点开花、相互支撑，为车主提供一条龙汽车服务，从而获得客户的认可和事业上的成功。

（三）蓝海市场广阔

中国银保监会于2023年1月发布《关于财产保险业积极开展风险减量服务的意见》（以下简称《意见》）。《意见》指出，鼓励各财险公司以风险减量服务为切入点，将服务链条延伸至投保企业所在行业上下游产业，为客户提供一站式服务方案或解决方案。风险减量服务是财险业服务实体经济发展的有效手段之一，对于提高社会抗风险能力、降低社会风险成本具有积极作用。驾培行业在交通安全管理方面是源头行业，地位特殊，得天独厚。驾培与保险行业围绕安全主题，运用各自优势将存量风险转变为减量风险，打造行业融合创新场景，既顺应了国家对行业发展的正确导向，也准确把握住了市场先机，为实现行业价值发展做出了有益探索和尝试。

四 保险与驾培市场融合发展的路径

近年来，由于增量学员减少以及科技应用等原因，驾校资源闲置、发展动能不足，不少驾校便将目光投向存量资源的运用，开启了"开源节流、降本增效"之旅。

保险创新为驾校的发展注入了新动能，对于运用保险优势拓展驾校资源，涌现出不少成功案例。

（一）山东正直集团：开启保险赋能之路，助力员工增加收入

"随着存量学员快速减少，教练员单纯靠培训收入，面临着巨大的生存压力。山东正直集团一直以来厉行'服务立校''做有车人的保姆'的服务理念，长时间的积累在社会形成一定的口碑，与学员及其家庭建立起良好的信任关系。另外，教练员与学员接触时间长，形成的师徒关系具备更坚实的信任基础，且学员的保险消费需求清晰明确，完全可以运用保险公司专属的产品、标准化的服务和有效的赋能平台，助力教练员提升保险销售能力，从单一的技能培训者转变为客户经营者。在增加收入来源的同时，也可以让教练员以保险为切入口，创造更多与学员接触的机会，进而提升口碑，助力驾校招生。"山东正直集团驾校校长胡凤娇如是说。

山东正直集团拥有自有教练车400余辆，教练员及其他员工超过400人。早在2009年，集团领导就意识到单一的驾驶培训业务，会给驾校的经营带来"确定"的风险。于是，集团提出"人人都是经营者"的发展理念，

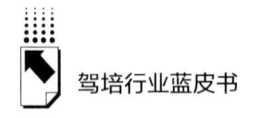

开始与保险公司合作，要求驾校全员开始"做保险"。山东正直集团从零开始对员工开展保险知识及销售话术培训，提升员工的保险销售能力，同时建立健全干部员工保险绩效机制，激励优秀员工，树立保险标杆，提升团队执行力及增强团队的保险开拓积极性。

2014年，山东正直集团与保险公司建立战略合作"伙伴营销"关系，开启了驾校与保险公司深度融合发展的新篇章。保险公司根据山东正直集团的客户需求及服务痛点，推出专属保险及服务方案，为保险业务发展增添助力。通过保险这一桥梁，山东正直集团把为学员服务的终点变成起点，创造了与学员之间再次联系的机会，让学员在保险服务过程中再一次感受到驾校的服务品质，从而增强了与学员的黏性，为驾校的老学员转介绍助力。山东正直集团在做保险的过程中逐步建立起了学员经营体系，为员工提供了多元化的增收渠道。教练员做保险在整个集团蔚然成风，保险中间收入已经成为教练员薪酬的重要组成部分。

截至2022年，山东正直集团保险业务已连续7年在1.5亿元规模以上（见图2），产值与收益已经远超驾驶培训业务。

图2 山东正直集团保险业务情况

驾校教练员拓展的保费中，70%是通过挖掘存量学员或社会客户资源取得的。2019~2022年，教职工人均年保费在40万元左右，标杆员工年保费规模能达到150万元。

（二）广西某集团：教练车保险模式创新，帮助驾校降低保险成本

广西某集团与保险公司自2021年9月开始合作，共同研发教练车保险优惠方案。至2022年9月形成"保驾之家"业务模式。2021年共邀约驾校约60家，承保教练车2500辆，年保费440万元。运用以"组织利益+品质奖励"为核心的"保驾之家"业务模式，驾校额外获得利益160余万元，额外利润率为38%，车均获益率为73%。

"保驾之家"业务模式简要介绍

"保驾之家"是一个利益分享的平台。寓意为：保险与驾校成为一家人，抱团取暖，共克时艰。

组建方式：以地级市或以上行政区域为单位，组建"保驾之家"，以此为据点聚合当地单体驾校，实现1+N家驾校的覆盖和保险资源的深度挖掘。

省钱核心逻辑：前期市场费用不低于市场平均水平（保证前期购买价格不高于市场平均水平）；保险到期后，前期市场费用+出险事故赔付款低于约定值，低于部分给予返还。

"保驾之家"业务模式是保险与驾培市场融合发展的一次崭新的尝试。自2022年9月启动以来，"保驾之家"已覆盖广东、江西、河南、四川、湖南、广西、山西、江苏等10余个省份，合作驾校近百家，业务模式得到了行业的一致认可和大力支持。

（三）保险公司：行业专属赋能之路，打造驾校差异化服务优势

目前，已有保险主体公司关注到驾培行业未来发展的潜力，开始搭建专属组织，调配专门人员，以驾校学员为中心，围绕学员在驾校场景下的各项需求，定制场景化专属保险产品及增值服务，开发行业专属产品"师徒保"。为学员提供学车过程中的意外身故、残疾，意外医疗、住院津贴责任

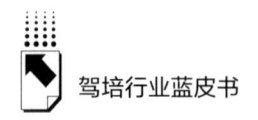

保障，取得驾照后两年内的"安全驾驶基金"，驾驶车辆期间的意外身故残疾、意外医疗保障，让学员学得安心、开得放心。此外，考虑到新手司机害怕单独上路的问题，该产品进一步附加了"陪驾服务"，满足学员毕业后两年内的行车上路陪驾需求，陪驾服务由驾校提供，保险公司承担服务成本。通过陪驾增强驾校与老学员的联系，支持驾校形成自己的私域客群。

"师徒保"专属产品除扩大了对学员的风险保障范围外，还充分体现了驾校对学员的关怀；陪驾服务的设计，以保险产品来填补驾培行业没有售后服务的空白，打造了行业的良好服务口碑。

（四）深圳驾培行业协会：发挥保险的社会管理功能，为驾培企业纾困解忧，提升驾培行业活力

为保障驾校学员的权益，应对因驾校破产等原因造成的学员失学风险，最近两年各地驾培行业协会陆续推出第三方资金监管支付方案。2017年，深圳市驾培主管部门就推动制定了《深圳市机动车驾驶员培训学费第三方监管方案》，要求驾校按比例在银行缴纳托管资金。目前，深圳有驾校39家、存量学员40万人，托管资金总额约为4亿元。

该方式对驾校资金使用效率影响较大，深圳驾培行业协会主动发挥协会职能，提出运用保险保障学员失学风险的方式，降低驾校资金使用压力。这一举措得到了政府主管部门的认可和支持。截至目前，深圳驾培行业协会联合国任保险公司为当地近30家品牌驾校提供了保险保障服务，覆盖学员近百万人，提供承保额度1.43亿元，有效缓解了驾校的资金压力，提升了驾培行业的活力。

1. 保险方案基本情况

险种名称：学员失学险（采购合同履约保证保险）

投保人：驾校

被保险人：学员

2. 操作原则

（1）以风险总额管控、学员培训合同期内全周期保障为原则设计保险方案。

（2）保险目标群体为驾校存量学员。

（3）驾校在系统内根据学员考试状态，确定学员名单进行投保，保险公司根据学员名单确定保险金额。

（4）保险公司与驾校对接，承保现场查勘、核定保险金额，并出具保险单。

3. 方案优势

（1）保险责任更为精确。明确保险责任为因投保人（驾校）破产或其他原因，导致不能正常履行与驾培学员之间签署的驾培协议，无法继续提供驾培服务，给被保险人（驾培学员）造成直接经济损失的，保险公司进行赔偿。

（2）学员更有保障。相比目前的资金监管方案，保险公司的保障周期更长，保险期限最长可达三年（以实际培训结束为准），保障方式更合理，保障金额更高，为2000元（托管资金最高1500元）。

（3）驾校经营压力减少，提高资金使用效率。

（4）风险总额控制，发生系统性风险的可能性较小。

五 结束语

"唯改革者进，唯创新者强，唯改革创新者胜。"改革创新是当今时代的潮流，是当代中国的主旋律，产业融合发展，打造创新生态，也将成为驾培行业实现二次发展的必由之路。创新春潮涌，奋进正当时，全体驾培人更应仰望星空，脚踏实地，携手并进，踔厉奋发，为实现行业价值发展贡献力量。

本文作者为王德刚、高峰。王德刚，国任财产保险股份有限公司新场景业务部总经理；高峰，国任财产保险股份有限公司新场景业务部中级区域经理。

运营管理篇

B.9
智慧驾校的实践与发展

摘　要： 驾培市场的激烈竞争促使驾校选择科技创新作为破局的渠道。同时，近年来国家相关主管部门推出了一系列促进驾培行业智慧化发展的规章、大纲和标准等。由此，智慧驾校应运而生。智慧驾校具有科技赋能、降低成本、降低劳动强度和提升质量等特征，以及驾驶培训模拟器和机器人教练等构成要素，在部分驾培机构中得到有效应用。但在实践中也存在数据资产未能有效利用、人才储备不足、过分追求目标、沦为营销噱头等问题。

关键词： 驾培　智慧驾校　科技创新

驾培市场经过近30多年的发展，已经由卖方市场变为买方市场，市场竞争日益加剧。驾培改革正当其时。驾校如何在驾培市场竞争中立于不败之地，几乎是每一个驾校高管日思夜想、迫切需要解决的重要难题。而破解此题的渠道很多，除了驾校加强自身教学研究之外，迅速、有效的重要途径就是驾培科技创新。科技创新是原创性科学研究和技术创新的总称，是指创造和应用新知识和新技术、新工艺，采用新的生产方式和经营管理模式，开发新产品，提高产品质量，提供新服务的过程。科技创新是社会生产力解放和发展的重要基础和标志，它决定着经济发展的进程。

一 智慧驾校发展的依据

2021年12月9日，国务院发布《关于印发"十四五"现代综合交通运输体系发展规划的通知》（国发〔2021〕27号）。其中，提出到2025年，综合交通运输智能化、绿色化取得实质性突破，强化机动车驾驶员培训质量管理。2022年7月21日，国务院安委会办公室印发《"十四五"全国道路交通安全规划》（安委办〔2022〕8号），强调：在驾培领域，健全完善驾驶培训教学体系，推动理论培训方式创新应用，强化驾驶人安全知识、规则意识、风险辨识能力培养；在驾考方面，探索VR、人工智能等新技术在驾驶考试管理中的应用。

2022年，交通运输部及相关部门，就驾培方面先后推出一揽子规章、大纲、标准，如《机动车驾驶培训教学与考试大纲》、行业标准《汽车驾驶培训模拟器》（JT/T 378-2022）、《机动车驾驶员培训管理规定》和《道路运输从业人员管理规定》。

驾培专门性、系统性规章《机动车驾驶员培训管理规定》，于2022年9月21日经第22次部务会议通过公布，自2022年11月1日起施行。但与智能化有关的第三十八条（机动车驾驶员培训机构应当保持教学设施、设备的完好，充分利用先进的科技手段，提高培训质量）与之前发布的相比没有变化。由此可以初步判断，从官方视角来看智能化驾培发展尚未成熟和稳定。

2022年3月24日，交通运输部、公安部联合印发《机动车驾驶培训教学与考试大纲》（交运发〔2022〕36号）。其中，关于智能化有下列表述："基础和场地驾驶"中"操纵装置的规范操作"和"起步前车辆检查与调

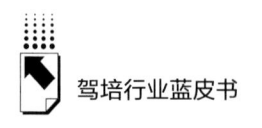

整"教学内容,"道路驾驶"中"夜间驾驶""恶劣条件下的驾驶""山区道路驾驶""高速公路驾驶"等内容,可采用驾驶培训模拟设备教学,模拟教学学时不得超过6学时。2022年6月9日发布的《汽车驾驶培训模拟器》并未突破以往标准的智能化使用范围。

二 智慧驾校的定义

党的二十大报告提出,加快发展数字经济,促进数字经济和实体经济深度融合,打造具有国际竞争力的数字产业集群。持续推进数字化转型,将为企业的传统业务赋予新动能。驾驶培训行业也是一样,数字化智慧化是行业未来发展的绝对方向。作为智慧化的典型代表,智慧驾校近年来成为驾驶培训行业的热点词汇,各种关于智慧驾校的解决方案、智能硬件、智慧平台充斥于驾驶培训行业,无智能不驾培似乎成为一种行业发展趋势。经调查,全国大部分驾培机构,或多或少均有智慧驾校的影子或以智慧驾校作为企业宣传的亮点。对于什么是智慧驾校,智慧驾校会给驾校带来什么优势和助力,行业内部看法不一,各家产品的实际效果也参差不齐。

通过分析行业内各类智慧驾校产品和方案,可以总结出智慧驾校的几个特征。

(1)科技赋能。智慧驾校是数字化、网联化、自动化、智能化等技术在驾校的深度应用。从教学服务、学员管理、财务管理、安全管理等方面全方位解决驾校的问题。2021年,木仓科技作为在"互联网+驾培"领域深耕多年的企业,推出"驾考宝典智慧驾培战略计划",打造了"智能应用+智能平台+智能硬件"的"三智一体"运营体系,开始帮助传统驾校向智慧驾校转型升级。2022年,驾考宝典提出升级版的"智慧驾校2.0"概念,主要包括智能驾驶培训设备、智慧教学服务体系、驾校智慧管理PaaS平台、落地运营服务体系四个模块,实现智能管理系统与智能硬件产品之间的数据互通、信息互联。从而为驾校构建一整套从教学到管理的智慧生态系统,一体化解决驾校教学、运营、管理、招生等综合问题,帮助驾校真正实现智慧教学、精细管理、智能服务。

（2）降低成本。通过自动驾驶技术对教练车和教练员的加持，实现部分甚至全面的无人化教学，在人力成本攀升、行业利润率下降的大背景下，模拟器教学、机器人教学等无人化教学受到行业追捧，是智慧驾校发展最原始的动机。

（3）降低劳动强度。在传统驾校教学中，教练员承担着传授知识、形成意识、保障安全等多领域的工作和责任，这对教练员提出了较高的要求。因此，教练员的劳动强度较大，且较难衡量和考核，教练员往往需要投入大量精力于安全保障和基础知识的传授，驾驶经验和安全意识领域的精力被分散。智慧驾校系列产品可以在一些固定模式、固定方法、固定目标的任务领域发挥作用，降低教练员的劳动强度，让他们在更重要的领域发力。

（4）提升质量。教练员的教学水平和服务水平直接影响着驾校的综合实力。在教练员整体水平低、合格教练员匮乏的大背景下，机器人教练的标准化教学、服务型教学、数字化教学大幅度提升了驾校的教学水平和服务水平。

因此，笔者认为，智慧驾校是以数字化、网联化、自动化、智能化等技术为依托，通过数字化平台、实景化模拟、无人化教学等智慧化形式，从教学服务、驾校管理、安全保障、数字监管等方面对驾校进行业务提升的一类产品方案的统称。智慧驾校以学员为中心，运用人工智能技术，让驾校变得有温度、更时尚、更有吸引力、更聪明。但是，智慧驾校又是一个复杂的系统，完全实现还需要时间，要分阶段，不能一蹴而就。智慧驾校对驾校经营者、教练员甚至学员都提出了更高的要求，特别要求经营者和教练员不断地学习，储备知识，实现经营管理和文化品牌的全面升级。

三　智慧驾校的构成要素

驾校最根本的属性是教学属性，因此教学智慧化在智慧驾校中最为重要，也是智慧驾校系列解决方案中产品化程度最强的一部分。围绕教学智慧

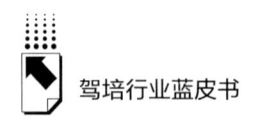

化诞生了包括驾驶培训模拟器、机器人教练、理论教学服务平台等多个产品线。

（一）驾驶培训模拟器

根据《汽车驾驶培训模拟器》中对驾驶培训模拟器的定义，汽车驾驶培训模拟器作为驾驶技能培训的辅助教学工具，为学员培训提供了一种科学、先进的训练方法和技术手段。通过驾驶培训模拟器的辅助训练，使学员快速掌握"离合、挡位、方向、加速、制动"等部件的协调操作，迅速地从静态条件下的单一操作练习过渡到实车动态条件下的综合技能训练；可以模拟危险的或平时训练中难以遇到的场景，让学员掌握不同交通环境下条件反射式的操作技能。驾驶培训模拟器在增强驾驶训练安全性的同时，可以减少实车训练带来的能源消耗和污染物排放，为双碳目标的实现提供支持，还可以节约驾校的训练成本。

驾驶培训模拟器在智慧驾校中主要承担特殊场景教学和应急处置能力培养的任务。体验用实车无法重现或无法反复重现的场景是驾驶培训模拟器的核心竞争力。现阶段，大部分驾校将驾驶培训模拟器主要应用于科目二实操上车前对车辆机件的熟悉，以提升实车使用率，同时减少实车磨损。

实际道路驾驶是复杂的、瞬息万变的。不仅包含的交通元素多，而且时时刻刻存在着变化的可能。再好的课程体系设计师，也不可能完整地考虑到实际道路驾驶所存在的动态要素。因此，学员即使完全掌握模拟器的课程体系，也可能在实际道路驾驶时手足无措。建议将驾驶培训模拟器应用于科目三的危险处置能力学习和高速公路等特殊场景下的技能掌握，提升学员学习质量，同时提高驾校的美誉度。

（二）机器人教练

相较于传统驾驶培训模式，机器人教练具有科技化水平高、教学规范性强、教学成本低、教学效率高、符合年轻化需求等优点，得到了业内的广泛支持。但作为行业的新生事物，同样也存在着产品标准未统一，国家未对机器人教练教学的场地、设施设备、管理制度进行明文规定,使用安全风险不确定,可行性未得到充分验证等问题。国内外尚无业内公认的设备标准,行业内针对机器人教练的产品层出不穷。有的应用无人驾驶技术,实现了在学员无法安全操作车辆时及时接管车辆,同时具备等同于教练员,甚至超越教练员的发现学员问题并提出改善建议的能力;有的仅仅是加装了 ADAS 设备和模拟考试设备的普通教练车,没有教学设计和人机交互能力。大部分驾校经营者不具备辨别合格机器人教练产品的能力,在使用中产生了很多问题。机器人教练源于教练员平均教学水平不足的痛点,根本上要解决的是教练员水平参差不齐、教学过程标准化发展不足的问题。需要注意的是,标准化教学不等同于一个教学模式、一套教学方法,标准化教学同样需要因材施教。一个合格的机器人教练除了可以提升学员的学习效果外,作为一个教学下限高上限低的教学工具,可以提升驾驶培训行业整体的标准化教学水平,同时倒逼教练员强化自己的教学能力,顶级的教练员永远会是一个善于利用新技术新产品的人类教练员。在以上分析的基础上,可以得出结论:驾培行业只能采用人工和智能并行的教学模式,人类教练员的情感敏锐度,机器人教练是无法比拟的。

四 智慧驾校的应用案例

(一)南宁市龙港驾驶培训有限公司

(1)创新引进驾考宝典智慧教学硬件+软件迭代传统人工教学。科目一使用驾考宝典 App 练习,合格率基本达到 90%;科目二通过机器人教练教学,合格率由原来的 70%提高到 92%;科目三通过使用驾考宝典的路考仪辅助教学,合格率由原来的 51%提高到 70%。

(2)定制开发了基于钉钉的智能教务管理系统和微信线上报名小程序。以公司核心业务流程为基础,真正让公司经营数字化,实现"业务流程化,流程数据化,数据报表化"的企业智能化管理转型。通过小程序的上线,

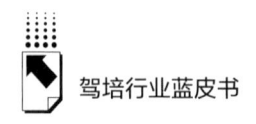

为公司建立多渠道线上招生场景，让招生团队在外出拓客的时候可以实现让意向学员最大化消除顾虑立即达成线上成交。

（3）将智慧驾校的智能化作为招生宣传的亮点去塑造品牌形象。

（4）利用自己创新建设的移动模拟驾驶体验车，联合其他单位进社区、进乡村、进校园，开展交通安全、反诈宣传等活动，通过公益活动提高品牌知名度。

（二）北京海淀驾校

北京海淀驾校成立于1985年，距今已有38年。作为行业的老牌名校，海淀驾校于2016年就率先提出了打造"智慧型"驾校的想法，尽管与智慧化仍有很远的距离，但是海淀驾校在从智能化到智慧化不断探索的路上，发展出自己的特色模式。

海淀驾校于2016年就已经将无纸化办公、学员管理系统、自主预约系统、学时管理系统合而为一，打造了自己学校的App，实现了学员报名、体检、约车、约考、教练员管理、财务管理、班车管理的一体化，并提出了向科技要效率、用科技强管理的方针。同年，海淀驾校自主研发的第一代"机器人教练"投入使用，列装260辆教练车，更独立打造了"人工+智能"的教学模式，这在提升学员合格率和满意度、降低教练员劳动强度、节省驾校日常开支等方面都有成效，得到了学员和教练的高度肯定。

随着"00后"成为主要学驾消费群体，学员群体的特点发生了明显变化，学员家长对驾校的师资实力有了新的要求。鉴于此，海淀驾校于2020年依托百度的Apollo自动驾驶技术打造了"致驾"智能教练车系统，从教学端、管理端、教练端、学员端四个端口对校内的智能产品进行新的升级，新购置了100辆"致驾"智能教练车，年节省各项支出1000余万元。智能系统的教学能力有效提高，数据分析能力更加强大，使培训效率更高、服务指向性更强。海淀驾校与百度的合作打破了传统简单的购买交付的商业模式，将科技产品与驾校管理运维有机结合，以科技的视角去看待智慧驾校。

为此，海淀驾校打造了一批素质过硬的机器人教练团队，对自身整体的服务营销体系进行了改革及适配,自建了维修维保部门,对校内所有智能产品进行日常维护。在智慧驾校的经营管理与驾培智能产品的应用上,海淀驾校走出了一条稳定扎实可持续发展的正确道路,为驾校真正的走向智能化智慧化打下了坚定基础。

(三)河南新乡骅晟驾校

新乡骅晟驾校通过与驾考宝典合作,采用智慧驾培新模式培训学员,从而在教学、服务、招生、安全、管理等领域都实现了创新和发展。

一是教学。智慧教学是通过人机对话的方式进行的,有统一的教学标准,通过大数据分析可以清晰地了解到学员练车时的问题和薄弱环节,让训练更加有针对性和时效性。接受智慧教学的学员,在考试的时候不会紧张,可以完全摆脱传统人工教学下学员对指挥的依赖性,养成独立驾驶的习惯,增强自信心,考试通过率也较高。

二是服务。通过PaaS平台可以实时掌握学员的训练状态和进展,更精准地提供服务。

三是招生。利用智能设备及学车馆的优势可以更好地促进招生。

优势一:家门口的"考场",全天可预约训练。

优势二:训练时间段灵活,可以利用碎片化的时间练车,随时来随时练。

优势三:通过视频教学提示不规范驾驶,可以回看驾驶轨迹,方便调整驾驶中的不规范操作。

优势四:环境舒适,不用风吹日晒地排队练车。

优势五:模拟考试复盘,精准对症下药,真实考场环境,增强学员考试信心。

四是安全。智慧教练车装有全方位感知设备,它会在车身周边出现情况时第一时间控制车辆制动,从而避免发生危险;然后通过紧急呼叫按钮,中控室的教练员会马上教学员如何操作,训练区域也有巡场的教练员,如果遇到情况就可以很快妥善处理。同时,感知设备也会对学员的一些危险操作行

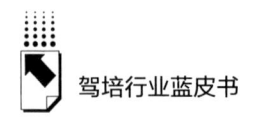

为进行检测，比如超速、猛踩油门、不系安全带、进入禁止行驶区域等情况，一旦确认也会进行车辆的制动控制，保障每一位学员的安全。

五是管理。利用驾考宝典 PaaS 平台，可以对员工信息、学员信息、车辆及设备信息、教练员培训进展、学员培训进度、学员线上预约练车等进行精准了解和管理，大大减轻管理压力，提升管理质量。

取得的成果如下。

（1）招生量提升：通过学车馆的区域覆盖，扩大了招生的范围，增加了招生渠道。

（2）合格率提升：科目二的合格率由原来人工教学的70%~75%，提升至82%~85%。

（3）减少实车训练时长：智慧培训模式在模拟训练阶段完成了驾驶的大部分操作练习，模拟器培训合格后进行实车练习时，学员基本上达到独立驾驶的程度，直接进行全程考试练习，大大减少了实车训练时长。

（4）降低成本：智慧驾培的最大优势就是降低成本，教练员由原来的1人带1车，变为1人带5车以上，人工成本减少；通过模拟器练习，实车训练时长减少，油耗降低近50%。

（四）湖北咸宁粤海蓝盾驾校

粤海蓝盾驾校自开业以来，不断地在找定位、找突破、找创新，希望能在培训能力严重过剩、供大于求矛盾急速加剧、驾校的人口红利逐渐消失的驾培大环境中寻找出路。最终，创始人一致认为，只有顺应时代潮流，引入科技赋能，面向全国招生，粤海蓝盾驾校才能有新的发展机遇。

粤海蓝盾驾校于2021年底开始与驾考宝典进行深度合作，引进驾驶培训模拟器、机器人教练及PaaS平台管理系统，采用智慧驾培新模式培训学员，在教学、服务、招生、安全、师资、管理等领域都实现了创新和发展。

一是提升了教学质量。机器人教练实行标准化教学，避免了人工教练教学质量参差不齐的问题，同时驾校的培训效率也大幅提升，学员实训时间缩短，科目二合格率也提升了约15个百分点，油耗和人工成本得到一定幅度的减少，如2022年油耗减少了将近20%。

二是提升了服务品质。驾校通过多点布局、全时段运营，解决了学员因环境、时间、距离、社恐等原因而存在的学车不适问题，创造了良好的市场口碑。

三是提升了招生能力。驾驶培训模拟器和机器人教练给年轻的学员不一样的体验，学车跟玩游戏一样，大大地激发了年轻学员的学车激情，2022年暑假期间招生量较往年提升了30%。

四是提升了安全性能。驾驶培训模拟器和机器人教练可以有效地预防训练过程中的安全事故，在事故发生前进行预警，避免事故发生。

五是提升师资力量。引进智慧驾培，去做更多的人才储备和培养，不断地优化师资队伍。

六是提升管理水平。PaaS平台能够清晰地统计培训车辆油耗、学员状态、学员合格率、学员练习情况等数据，为管理规划和调整提供有力的数据支撑。

五　关于智慧驾校的问题

智慧驾校是近几年发展而来的新生事物。它的突然出现，使得驾校从业者难以适应，不可避免存在着这样那样的问题。

（一）数据闲置、智能含量明显不足

2021年12月，南方电网发布了《南方电网数据资产管理体系白皮书》，白皮书指出，数据资产管理，是数据资产价值释放的必经之路。随着企业数字化发展，数据资产管理不再局限于数据资源本身，对数据进行加工得到的数据产品或数据服务也要加以管理。

作为智慧驾校的核心竞争力，数据资产的应用是智慧驾校首先解决的问题。智慧驾校的数据是驾校在利用智慧化设备过程中的副产品，它的价值需要在生产中、使用中和使用后发挥出应有的作用。现阶段，智慧驾校对数据

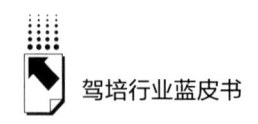

的应用大多聚焦于驾校经营的分析和教学过程的赋能,这些数据的后市场同样十分重要,此类数据的后期变现和收益权必须掌握在驾校手中,也是降低智慧驾校成本的重要手段。同时,个性化需求是在教学过程中实时变化的,当前的世界社会经济现状决定了当下人类的个性化需求。但随着社会经济的发展,人们的需求结构自然而然地发生变化。这是不以人的意志为转移的,需要数据不断赋能教学过程,及时调整。

由于驾校校长对智慧驾校认知不足,或只注重整体效果而不注重智慧驾校原理,智慧驾校产生的海量数据遭到闲置。例如,对于单一学员某学车阶段的练习次数、出错率、出错项目等,如何进行智能化分析,大大缺项;一般都是由学员自行人工分析,失去了智能驾校的智能化内涵。因此,有待于驾校督促或参与研发,补齐智能化过程中的短板。

(二)单腿走路、步履蹒跚

如果将整体智慧驾校称为硬件,那么与之匹配的人才储备是当前智慧驾校发展中的重要组成部分。然而,人才储备不足正制约着我国驾培行业智能化的发展。

目前,中国驾培行业仍处于改革创新、转型升级的关键时期。作为教育、服务业,驾培行业与大众民生紧紧相连,在政策的支持下积极地转变传统经营方式,将VR、AI、5G等先进技术与驾驶培训需求相融合,应用于行业发展是大势所趋。虽然智慧驾校还处于初步发展阶段,但人工智能在驾培领域展现出的优势,预示将来它在驾培行业中的应用或许会更加广泛。但是现阶段不是每一家驾校都适合建设智慧驾校。首先,智慧驾校投资较大。融合了先进技术的智慧驾校方案,无论是整体智慧化方案还是单体智慧化设备,前期投入都相对较大,需要一定体量的学员资源摊低投入成本。其次,智慧驾校维护成本较高。作为科技产品,智慧驾校遵循着计算机行业的摩尔定律,也受到计算机设备3~5年更新维护周期的影响,投入智慧驾校,要做好持续投入的思想准备。另外,智慧驾校对人员素质要求较高,一项好的技术、好的方案能够应用得好,除了硬件外,一定有着一只优秀的人才队伍。智慧驾校的软硬件设备需要专业技术人员持续驻场维护，同时对于教练员，除基本的教学素质外，计算机和科技设备认知水平也要较高。智能化驾培模式也不是一成不变的。不同的驾校、不同的时期有着不同的智能化驾培模式。驾校之间的核心竞争力取决于驾校的经营战略及决策，而智能化其实就是驾校发展战略及决策的延伸与拓展，智能化教学设备的价值不在于出厂之前，而在于出厂之后几年时间的"使用研发初始阶段"。需要研发商与驾校的共同努力，才能结出硕果。建议在智慧驾校建设中采取分步实施的策略，同时注重对驾校人才团队的储备和建设，同第三方智慧驾校供应商联合策划定制智慧驾校产品。

建议尽快建立健全智慧驾校人才培养机制。培养一批既懂驾培，又懂智能的高端"双峰"人才，无疑对促进驾培智能化具有很大的促进作用。

（三）一味追逐目标，与素质教育背道而驰

无论是驾驶培训模拟器还是机器人教练，对减少驾校成本、提高效益，降低人工劳动强度，都有明显的效果。这种进步都是基于应试教育现状的。然而，智慧驾校的驾驶培训现状相比国家对驾校的素质教育需求存在明显不足。

驾驶培训模拟器逼真度再高，也不如实际道路场景，这是模拟器最根本的局限性，只能无限趋近于实际道路场景。这就决定了智能化教学的不足。同时，智能化教学还存在设计及使用的选择性缺陷。

以离合器踏板操作为例。假如一般驾驶人通过操作1000次能够完全达到离合器踏板操作的教学目标，但分别在智能化教学、实际道路训练环境下操作，收获是不一样的。智能化教学环境下，可能只有应试训练项目；实际道路环境下，可能是在满足实际道路条件下的应试训练项目。前者培养的是单一的、纯粹的应试项目操作能力，后者培养的是满足实际环境条件下的应试项目操作能力。

（四）去伪存真，有必要拨乱反正、正确引导

智慧驾校是科学问题，应当按照科学原理对待这一问题。然而，以下倾

向值得注意。

（1）将智慧驾校当成营销的噱头。有些驾校看到别的驾校上马智慧驾校，心中便产生异样的羡慕。一气之下，便将智慧驾校引入。除了在宣传中添加"我们有了智慧驾校"外，其余不再过问。这种静止而非真正运营的智慧驾校，不仅没有发挥应有的作用，反而成了资源的浪费，成了加速驾校死亡的催化剂，绝非真正意义上的智慧驾校。

（2）智慧驾校完全替代论。2022年，有人提出不到十年，智慧驾校将取代传统驾校。综观我国智能化对驾培的影响，至少在一段时期内，智慧驾校将持续保持旺盛的发展势头，但它再怎么发展也绝不会完全替代传统驾校。一个人的安全意识通过机器获取，是不可能完全实现的事情。但从机器中可以获取意识中的部分参数，而不是全部参数。

六　结束语

人工智能的大潮俨然来临，科技改变人们的工作和生活方式已经势不可当。智慧驾校的出现、发展与进步，必定会带来机动车驾驶培训理念、经营管理模式的变革，智慧驾校的应用推广正成为驾培行业发展的新趋势。然而，任何新生事物的发展总是会存在这样那样的问题，我们理应更有耐心，沉淀下来，直面问题，不断改进完善，让智慧驾校真正惠泽于行业经营管理者、教职员工和学员，让驾培行业的转型升级更加坚实有力。

本文作者为孟虎、丁林、刘俊利。孟虎，中国交建智能交通研发中心科研技术部副总经理；丁林，中国交通运输协会驾驶培训分会外联部主任；刘俊利，山东交通学院交通安全研究中心副主任，高级工程师。

B.10
驾校职业经理人履职现状、问题与发展

摘　要： 本报告从我国驾培行业的实际情况出发，以问题为导向，从量化和非量化两个维度展开了驾校职业经理人履职现状调查分析。并以此为基础，探讨了我国驾校职业经理人市场缺位的原因，分析了驾校职业经理人定位问题，并指明了国有和民营驾校中职业经理人制度实施的差异。最后，通过分析指出，未来驾校职业经理人需求缺口会越来越大，且职业经理人会从自由生长向规范化、精细化、系统化管理发展，从单一业务主导型向综合型发展，从个体自由成长向行业培养发展。

关键词： 驾培市场　驾校　职业经理人

随着经济的发展，把企业经营管理作为职业，深谙经营管理之道、在企业中担任一定管理职务的管理者群体，就是所谓的职业经理人。将职业经理人延伸到驾校，驾校职业经理人就是指在目前的驾培市场中，由驾校聘任的，能履行法人财产保值增值责任，和承担经营管理责任的职业化企业经营管理专家。高级职业经理人，履行驾校的财产保值增值责任。驾校副校长、队长等中层管理人员，属于初级或中级职业经理人，他们担负一定的经营管理责任。

我国驾培行业的市场化如果从2003年《道路交通安全法》颁布算起，至今已有20年之多。其间，职业经理人零星出现，一直没有形成成熟的职业经理人队伍。直到近几年，随着驾培市场的深入发展，传统意义上的一般经理人不再能担当突破驾校困局的使命，只有专业性比较强的职业经理人才能扭转乾坤、实现破局。基于此，笔者所在课题组从零开始，就我国驾校职业经理人履职情况等进行探索。

一 驾校职业经理人履职现状调查分析

（一）调查概况

在课题确定后，课题组为全面调查我国驾培行业职业经理人履职情况，从量化和非量化两个方面进行。2022年3月9日，通过问卷形式对职业经理人自身及环境反向评价进行了量化调查（设计项目23个），共获得225张问卷。其中，职业经理人144人、非职业经理人81人。2022年3月10日，对全国驾培行业20多名职业经理人进行了不同渠道的多项非量化调查。2023年3月，吸收了中国交通运输协会驾驶培训分会的部分调查结果。综合2022年、2023年两次调查，现以量化调查结果为主，结合非量化调查结果及课题组人员对职业经理人状况的实践研究，汇总成具体分析结果。

（二）学历调查

从绝对意义来讲，学历与能力没有必然联系。但当一个行业的从业人员学历普遍较低时，学历问题可能就是行业发展的瓶颈。学历是能力的基础，就如驾校教练员的学历一样，如果大多是大专及以上，恐怕就没有人关注驾校教练员的学历了。而职业经理人，如果大多是本科及以上学历，同样不会有人关心职业经理人的学历问题。图1是2023年量化调查的学历调查结果。

如图1所示，驾校职业经理人本科（含非全日制）及以上学历的仅占26%，说明我国驾校职业经理人的学历总体上属于偏低局面。这在一定程度

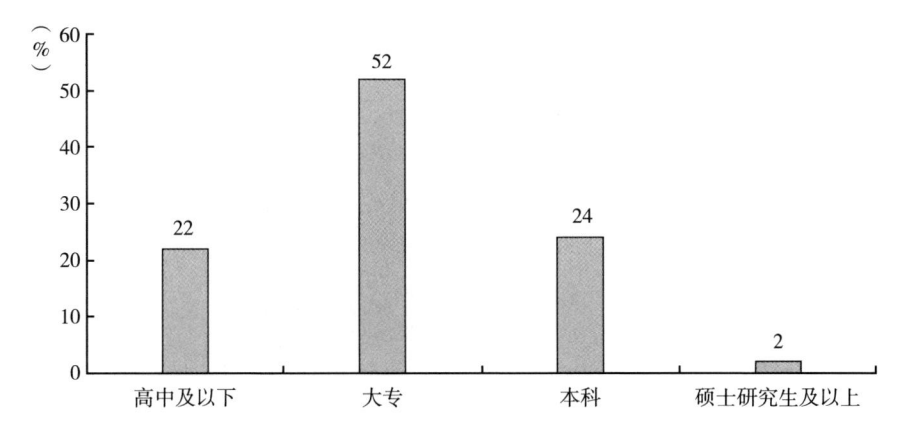

图 1　2023 年驾校职业经理人学历情况

上制约着我国驾培行业职业经理人市场的形成。需要说明的是，这种判断并非轻视或否认大专及以下学历人才的脱颖而出。

（三）年龄调查

驾校职业经理人及驾校教练员的年龄，只能表明他们年轻与否，必须结合其他情况来谈才有意义。

如图 2 和图 3 所示，此次调查中，驾校职业经理人及教练员年龄多在 41~50 岁区间，其中职业经理人 41~50 岁占比为 45.98%，驾校教练员 41~50 岁占比为 56.42%。中年职业经理人及教练员依旧是当代驾校管理者、从业人员的中坚力量。从年龄来看，这部分人已经进入职业发展的中后期，他们有着丰富的教学实战经验和较强的管理能力，这与驾培行业长期以来从业人员的年龄构成有关。

（四）驾龄和教龄调查

在对驾校职业经理人的基本要求中，学历可能是决定要素，驾龄和教龄只能算一般因素。当驾校职业经理人大多是本科及以上学历时，驾龄和教龄等一线工作经验成了驾校职业经理人发展的制约因素。

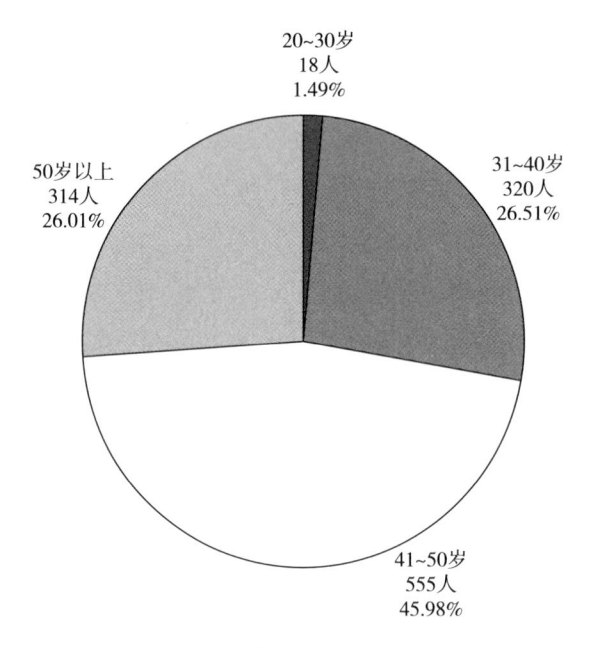

图 2 职业经理人年龄调查

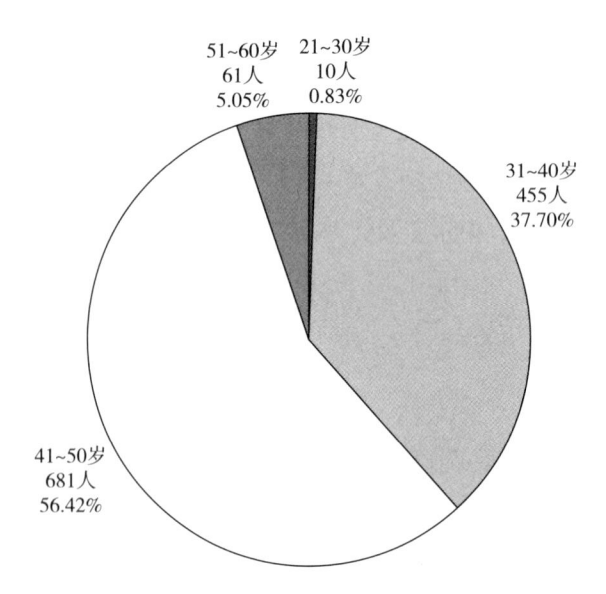

图 3 2023年驾校教练员年龄调查

如图4和图5所示，调查发现，驾校职业经理人目前驾龄6年以上的有五成左右；五成以上的驾校职业经理人目前教龄是0~5年，10年以上教龄的仅占34%左右。驾龄长不等于职业驾龄长。由于职业汽车驾驶的被动思维定式，职业驾龄长不见得对职业经理人的总体成长有利。因教师的主动思维特征与职业经理人一致，故教龄时间长还是有利于职业经理人成长的。因为职业经理人总要与驾驶、教学打交道，经历或经验有助于职业经理人的全面发展。

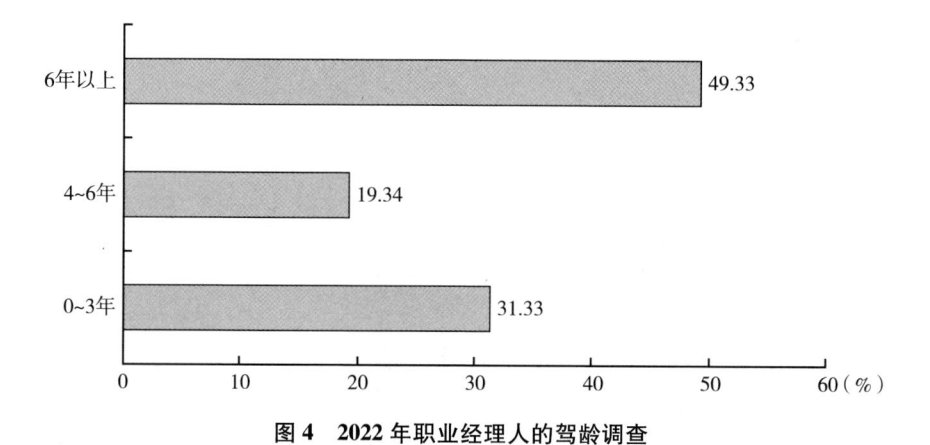

图4　2022年职业经理人的驾龄调查

图5　2022年职业经理人的教龄调查

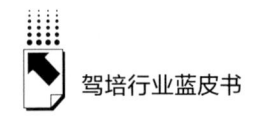

（五）高管经历调查

在驾培卖方市场时期，对职业经理人还不存有较大的需求；但买方市场的复杂性、艰难性，迫使驾校不得不寻求职业经理人来满足驾校发展需要。一般而言，有一定的高管经历对职业经理人的成长将起着重要的作用。

如图6和图7所示，在驾校高管、教练员和投资人的一组调查中发现，35.56%的职业经理人是从教练员晋升而来的，他们的优势在于教学经历和能力，以及在特定环境下的创新思维；31.11%来自投资人的职业经理人，可能"心有余而力不足"。

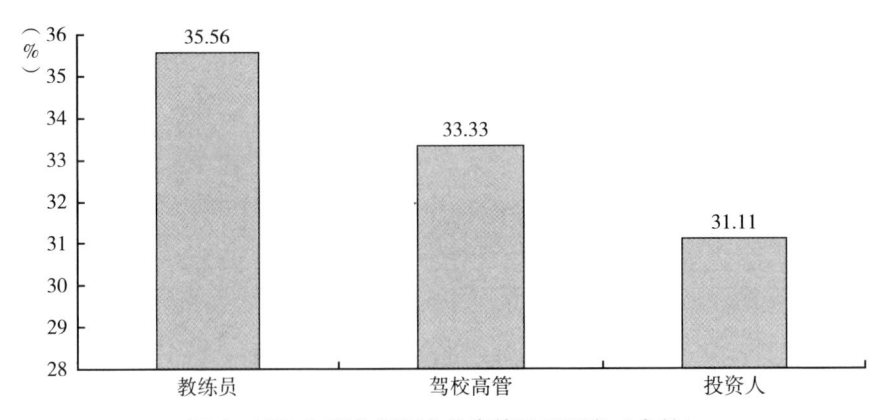

图6　2022年职业经理人的高管经历调查（身份）

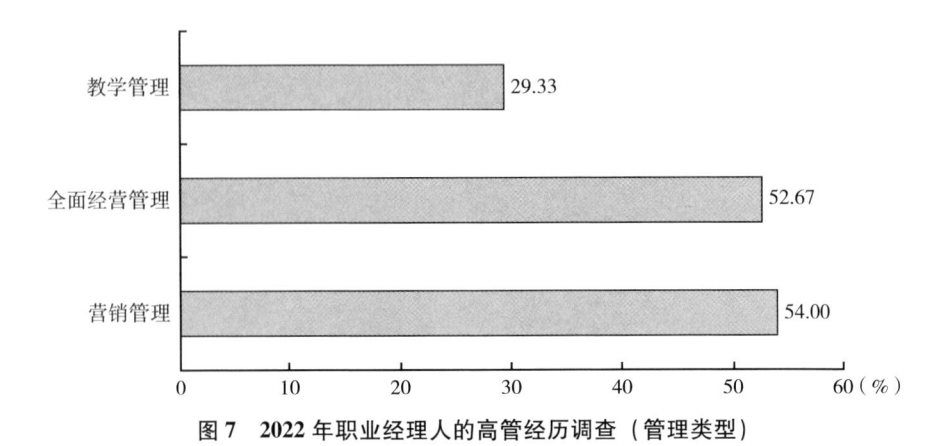

图7　2022年职业经理人的高管经历调查（管理类型）

在教学管理、营销管理和全面经营管理的一组调查中发现，目前职业经理人主要来自营销管理领域（营销占比为54.00%，教学占比为29.33%），说明来自高管的职业经理人不仅稀缺，且主要拥有营销经历。一定程度上，有营销经历的年轻大学毕业生，成了当前我国驾培行业的职业经理人主力。直接介入全面经营管理（如经理助理）的职业经理人占比达到52.67%，相信未来还要更多。

（六）业绩调查

能力只能说明历史时期的成绩。在不同的条件下，很难说明你的能力能付诸实践。尤其是我国各地文化、经济、法治水平各异，驾考标准不统一，导致职业经理人面对着地域属性差异所带来的困难。只有有了业绩才能说明能力是客观存在的。下面是驾校其他人员对职业经理人的评价。

1. 对职业经理人的总体评估

如图8所示，驾校其他人员对驾校职业经理人总体上还是认可的，占比达95%以上。这种外部不太认可但业内认可的情形，与驾培行业从业人员的总体情况有关。

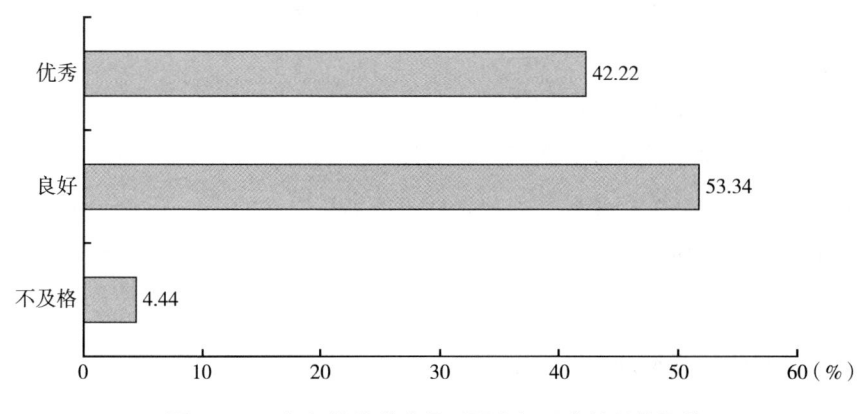

评价	占比
优秀	42.22
良好	53.34
不及格	4.44

图8　2022年驾校其他人员对职业经理人的总体评估

2. 对职业经理人突出优点的调查

如图9所示，调查发现驾校其他人员对驾校职业经理人最认可的优点

179

中，业务能力强占比达 67.78%。说明在我国经济发展的深层次时期，"内行领导内行"的专业性既是迫切的，也是必需的。公关能力强占比屈居第二，说明职业经理人除了懂业务外，还需要会打通社会各个关节，以获得驾校在运营中的畅通。只有畅通，才能快速发展。在畅通的前提下，进一步加强"市场拓展"。当然，内部管理属于与时俱进的能力，至少不能"拖后腿"。在当代经济发展中，要想立于市场之林，业务、公关、市场拓展，是驾校发展的"三驾马车"。

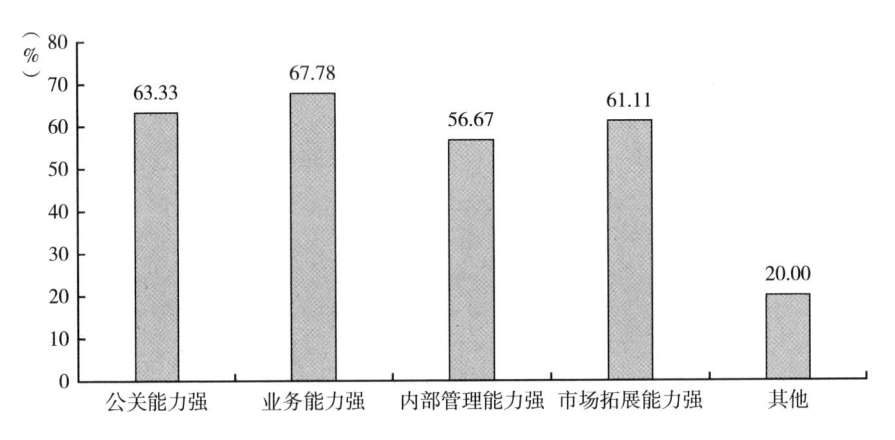

图 9　2022 年对职业经理人突出优点的调查

3. 对职业经理人突出缺点的调查

尽管当下职业经理人的优点比较明显，但缺点不容忽视。如图 10 所示，调查发现上述的公关、业务、内部管理、市场拓展等能力，既是优点又是缺点。说明驾校其他人员对职业经理人的优缺点评价是全面的、整体的、客观的。

4. 对职业经理人提升要求的调查

如图 11 所示，调查发现，在驾校其他人员对职业经理人的提升要求中，专业、经验和政策水平仍是主要方向。

5. 对职业经理人全面经营管理所属项目的调查

如图 12 所示，目前职业经理人负责的项目一般包括智能、安全、教学

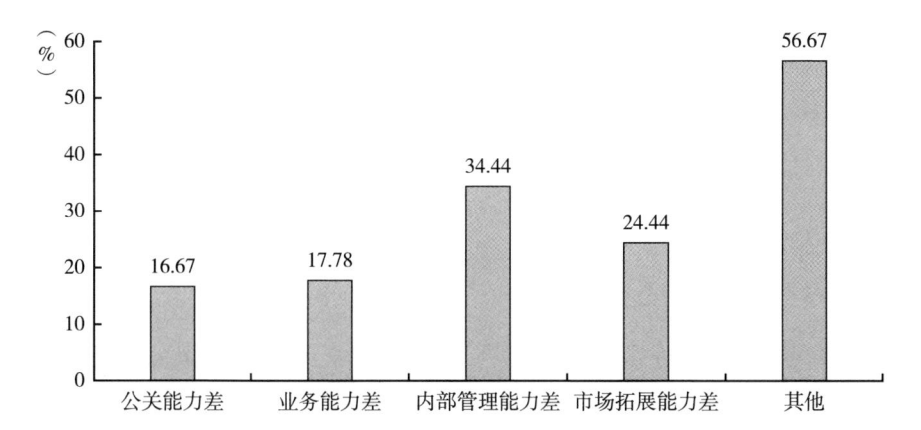

图 10　2022 年对职业经理人突出缺点的调查

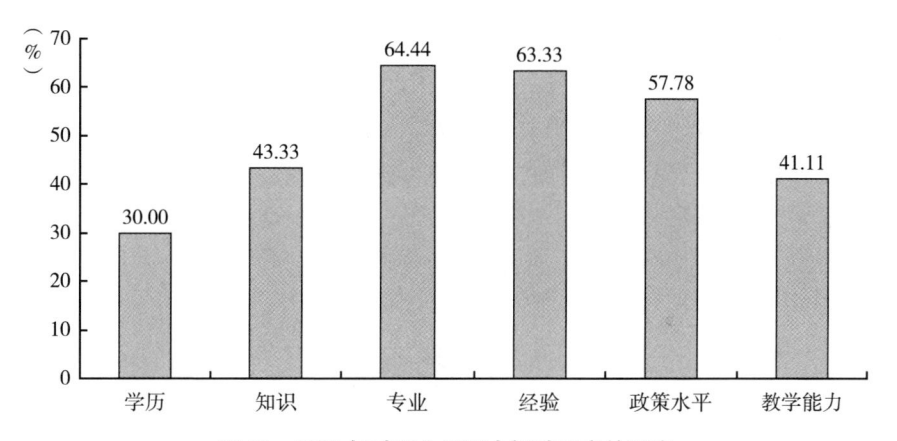

图 11　2022 年对职业经理人提升要求的调查

和营销等。其中营销占比最大，为 88.61%。即目前职业经理人的头号工作就是招生。有关专家的研究表明，2021 年下半年我国驾培市场已进入"成本拐点"，生源饱和度到了极低状态，驾校几乎处于"入不敷出"的运行状态。招生无论如何都成了每一个驾校的第一项工作。其他三项虽然重要性弱于营销，但与驾校的生存状态也息息相关。

（七）在职人员对职业经理人满意度的调查

如图 13~图 15 所示，调查发现：一是不论哪种人员，当下超过九成的

驾培行业蓝皮书

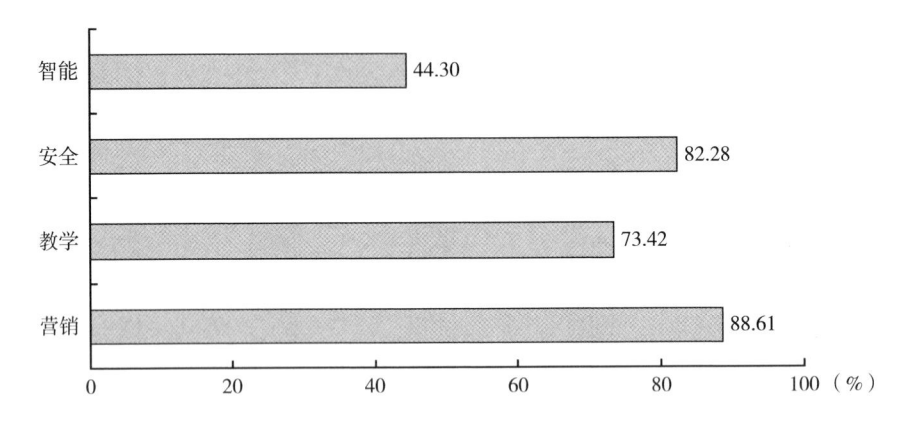

图12 2022年对职业经理人全面经营管理所属项目的调查

智能 44.30
安全 82.28
教学 73.42
营销 88.61

人都对职业经理人的工作满意，这是值得欣慰的；二是不同的人对职业经理人的评价还是有差异的，最满意的是投资人，这与实际非量化调查结果有误差，我们戏称为"心服口不服"。在较为满意的调查中，驾校高管占比最大，为67.78%，符合事实。

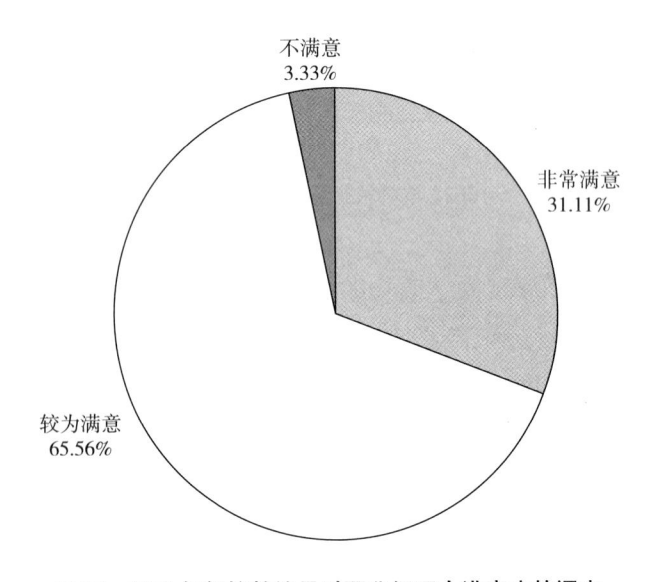

图13 2022年驾校教练员对职业经理人满意度的调查

不满意 3.33%
非常满意 31.11%
较为满意 65.56%

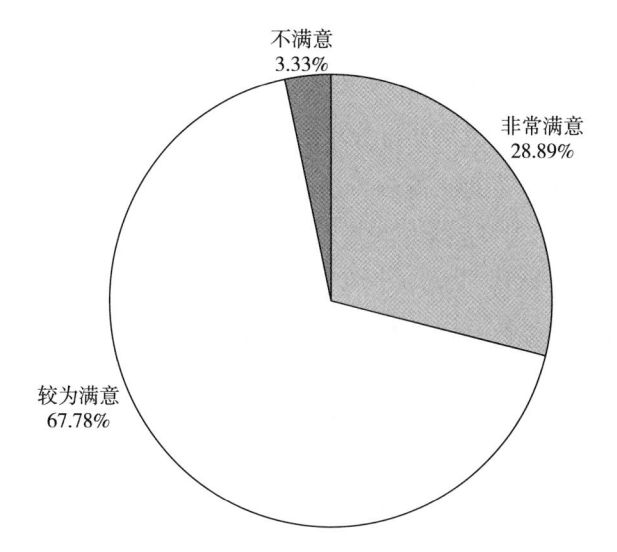

图 14　2022 年驾校高管对职业经理人满意度的调查

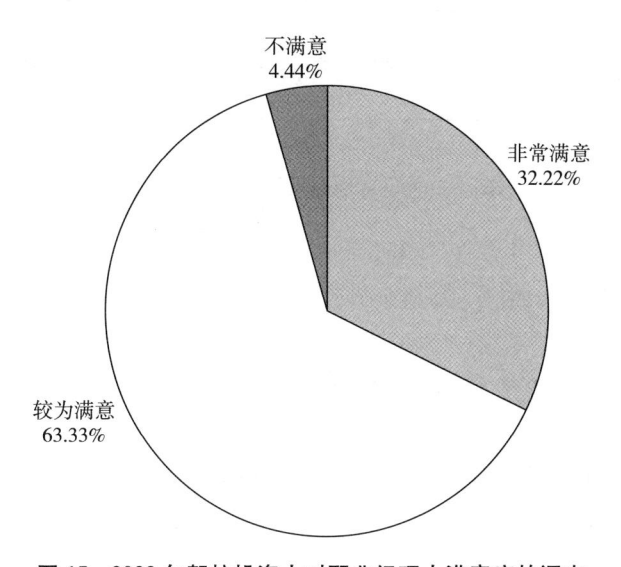

图 15　2022 年驾校投资人对职业经理人满意度的调查

（八）创新性调查

创新是指以现有的思维模式提出有别于常规或常人思路的见解，利用现有的知识和物质，在特定的环境中，本着理想化需要或为满足社会需求，而改进或创造新的事物，包括但不限于各种产品、方法、元素、路径、环境等，并能获得一定有益效果的行为。在驾培市场发展趋缓的情况下，驾校的创新（实质上是职业经理人的创新）显得尤为重要。

如图16所示，驾校职业经理人在管理期间的创新情况是：有74.67%的人认为增强了企业精神，有64.67%的人认为提升了企业利润，分别有五成多的人认为在方法赋能和让企业有了战略目标上进行了管理创新。

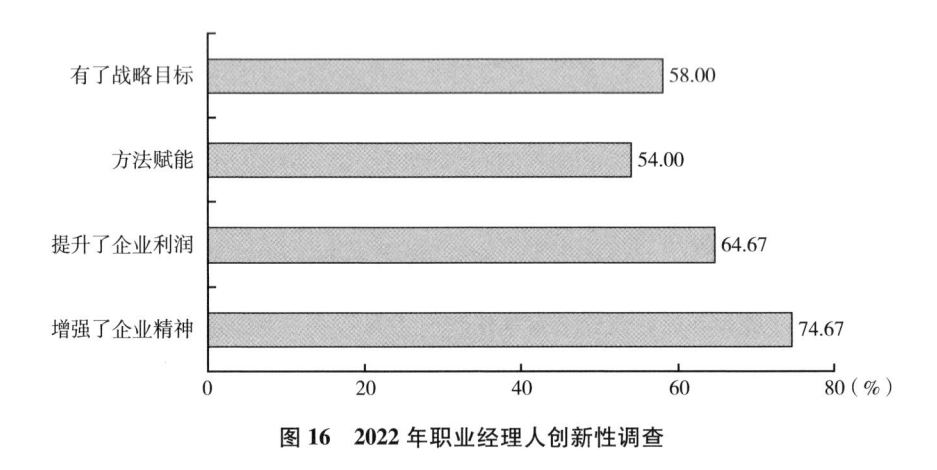

类别	百分比
有了战略目标	58.00
方法赋能	54.00
提升了企业利润	64.67
增强了企业精神	74.67

图16　2022年职业经理人创新性调查

（九）收入调查

从责权利的关系来看，职业经理人在担负责任的同时，理应获得应有的报酬。

如图17和图18所示，大多数职业经理人的理想收入（年薪12万元）与实际收入（年薪5万~8万元）有差距。这与我国的驾培市场日渐萧条以及驾校职业经理人市场尚未形成有关。另外，不论是实际收入还是理想收入，收入分布都呈现"U形"。说明收入最低和最高的职业经理人占大多数。可以理解，获得最高收入的一般为全国性职业经理人，流动于全国范围内；获得最低收入的一般为地方性职业经理人，主要固定于某一个地方或某一个驾校。

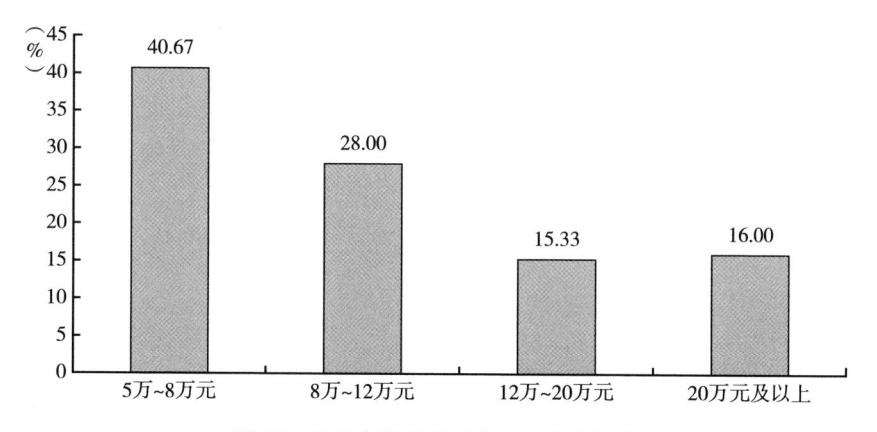

图17 2022年职业经理人实际收入调查

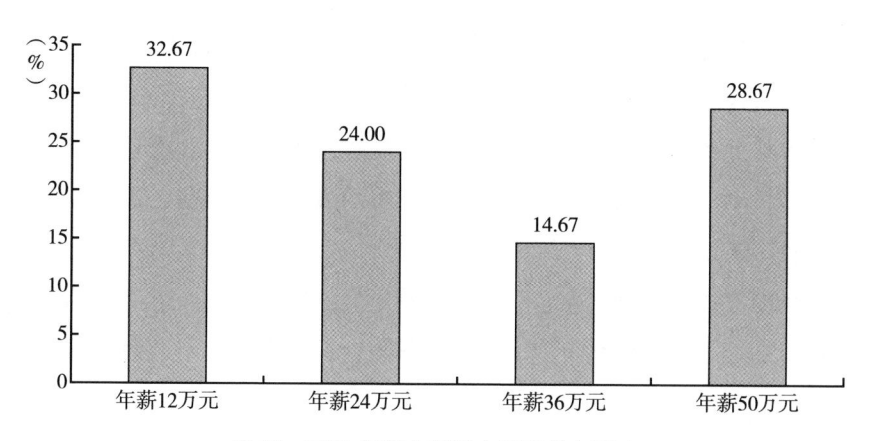

图18 2022年职业经理人理想收入调查

二 驾校职业经理人履职问题分析

上述仅就量化调查结果进行了分析，下面结合非量化调查及课题组人员的多年实践研究，就驾校职业经理人履职的主要问题进行分析。

（一）驾校职业经理人市场缺位致因

按说有需求就有市场，但是有需求而没有来源、没有土壤、没有生存的

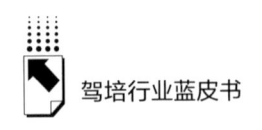

空间，照样无能为力。调查发现，驾校职业经理人市场尚未形成存在以下几种致因。

1. 市场化及市场恶化致因论

（1）驾培市场化。我国市场化程度相比发达国家要低是不争的事实。但我国市场化搞了几十年，也得承认在许多领域取得巨大成就。职业经理人不但存在而且在某些行业越来越火。单就道路运输行业而言，客运、货运，尤其是其中的国有企业，经营机制比较成熟、现代企业制度比较完善、市场化程度比较高，在职业经理人制度方面，走得更远。驾培行业起步晚，且受政策性、技术性、专业性约束，市场化程度比较低，一定程度上影响着驾校职业经理人市场的形成。

（2）驾培市场恶化。在驾培市场属于卖方市场时，职业经理人的作用并不突出，这是因为驾培市场没有竞争，不愁生源，经理人不需要较高的能力就能维持驾校的正常运营。一旦驾培市场进入买方市场阶段时，尤其是生源饱和度极度下降，虽然需要具备较高能力的驾校职业经理人，但经营下滑导致驾校不足以支付职业经理人的高报酬，一定程度上也影响着驾校职业经理人市场的形成。市场恶化，一方面不利于驾校职业经理人市场的形成，另一方面也加速了驾校的整合或裂变。这种整合或裂变反过来又会刺激对驾校职业经理人的需求。

2. 就近入学或竞争力渐失致因论

在众多影响驾校发展的因素中，就近入学是驾校维持生存的关键要素。例如，北京的驾校再好，京外人员学车也不太可能舍近求远。再如县域所属驾校，只有几家。多少年来，各个驾校都有自己的生源"领地"，市区的驾校水平再高，县城的学员也不会舍近求远到市区驾校学车。这种情况往往使得县域驾校不需要竞争就能生存下去。市区驾校密集、彼此生源交叉，驾校之间没有明显的生源"领地"边界。但随着市场恶化，生源大幅度减少，少得可怜的生源不足以维持驾校的正常运行。

这种以就近入学为第一要素的驾校生存法则，随着市场恶化而使得驾校竞争力渐失，一定程度上影响了驾校职业经理人市场的形成。

3. 地域特性致因论

驾培市场的地域性是指在某一地区内，因考试、地域文化、当地经济等因素，职业经理人困于其中而不能自拔的现象或特征。最后的结果是，驾校职业经理人再也不能从中出来，从一而终为某地或某个驾校服务，这在一定程度上阻碍了职业经理人的流动。

4. 职业品质致因论

调查中关于职业素养的反映比较多，而职业品质列于职业素养之首。职业品质是人们从事某种职业所表现出的专业精神、业务水平和工作作风等特征。职业品质是在职业实践中对某种职业的认识和情感牢固联系所形成的心理品质，具有稳定性和持久性。

调查发现，如果能全身心地投入应做的工作中去，完美地展示自己的价值，职业经理人仍能够脱颖而出，但有些职业经理人往往因职业品质低下而半途而废。

（二）驾校职业经理人定位问题

1. 职业经理人的问题导向

职业经理人是为了解决"问题"而生的。如果一个企业没有问题，那么就不会有对职业经理人的需求。所以，职业经理人进入驾校的出发点就是：解决招生数量不足的问题，解决服务差的问题，解决人才培养的问题，解决培训质量的问题，解决技术革新的问题，解决学员投诉的问题，等等。

高薪请职业经理人来，就是为了解决某一类问题。毫无疑问，证明自己的价值，从而拿到高额回报的方式，就是把问题解决掉，越快见效，越高回报。但是，任何一个问题的暴露都是表象，里面肯定会有很多盘根错节的因素。很多职业经理人往往不会从驾校的整体利益来考虑，而是聚焦于自己的职责范围，甚至为了解决自己手头的问题，而忽视或者故意损害其他部门的利益乃至整个驾校的利益。例如，对于招生工作，采取狼性招生、地毯式招生、全员招生等多种方式方法获得了明显的效果。但在取得这种成绩的同

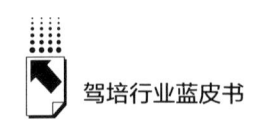

时，不乏存在过度宣传、夸大宣传的可能。如果所在驾校能如期培训，不会剩下生源也倒无妨。但如果培训不了，或培训质量达不到预期，驾校的信誉将大大受损。

2. 对职业经理人的授权

当前，对于中国大多数民营企业（包括民营驾校），本质上，公司治理还是围绕着老板（创始人大股东）的人治而不是法治。在老板一个人说了算的情况下，一般很难将财务和人事两大权力授予外来的职业经理人，而这些正是职业经理人制度实施的必要条件。如果不充分授权，就一定会造成职业经理人头衔高、没实权、责任大、背黑锅的问题。

3. 国有与民营驾校职业经理人制度

在调查中发现，职业经理人制度的实施，就驾校的国有与民营属性而言还是有差异的。由于国有控股企业历史悠久，加之国家在国企中采取了许多有力度的改革，国企在职业经理人制度方面比民企要先行一步。

驾培是道路交通安全的源头，是公益性很强的交通先导性行业。国有企业的所有制形式与经营对象的公益性高度统一，使得国有驾校具有了得天独厚的经营优势，取得了职业经理人制度的成功。

相反，我国有些民营驾校存在家族式企业经营模式，而家族式企业常见的弊病是重人情而轻制度。这会使企业的员工关系十分融洽，为企业带来和谐的利益，但是负面作用是工作无追踪、难落实、有奖励、无惩罚，从而不利于引入职业经理人制度。然而，任何事物都不是绝对的，很多民营驾校，只要敢于改革、大刀阔斧实行现代企业制度，超过国有驾校也是可能的。例如，业界标杆，山东的正直驾校、河南的驰诚驾校、河北的燕赵驾校等是民营驾校成功引入职业经理人制度的典范。

三 驾校职业经理人的未来需求及发展方向

从本次课题的有限调查来看，驾校职业经理人履职方面存在的问题很多。同时，我们也看到了我国在实践中积累经验或成功探索的可能性。在国家深化改革的大环境下，在未来驾培市场必然向好的预期下，相信驾校职业经理人这一新生事物，与其他行业的一样拥有广阔的前景。

（一）驾校职业经理人的未来需求缺口将越来越大

这是建设驾校职业经理人队伍的源泉。对于这种观点，有人可能不以为然，但以下三个原因可让人对未来的驾校职业经理人发展充满信心。

1. 驾培市场环境越来越严峻

就驾培市场而言，2015年以来，整体下滑趋势明显。至于原因，从人口拐点，到生源拐点，再到2021年下半年的成本拐点，是无可辩驳的事实。但根本原因是一个地区的驾培市场或驾校，不可能长久低成本运行。未来，我国驾培市场必将重新优化或整合。"闻鼙鼓而思良将"，在这种情况下，为早日突围，抢占竞争制高点，诸多有意"二次创业"的驾校势必纷纷招揽驾校职业经理人，从而导致对驾校职业经理人的需求增多。

2. 政策越来越明朗

交通运输部于2021年11月发布《综合运输服务"十四五"发展规划》，指出"优化驾培机构和教练场技术标准""提升驾培监管信息化水平，逐步推进驾驶培训监管服务平台与公安考试系统信息共享，推进培训与考试有效衔接"，尤其是"加强信用体系建设"是一个系统提法。其中，建立"事前管标准、主体作承诺、过程强监管、失信严惩戒"的全链条信用治理模式，是建立信用体系的重要举措，为驾培的未来发展指明了方向。

3. 科技越来越有作为

2015年7月，国务院印发《关于积极推进"互联网+"行动的指导意见》。之后，在驾培行业内，"互联网+驾校""互联网+驾培""驾培+互联网"轮流上演。随着我国经济的发展，智能化将走上前台（未来2~3年实现以智能教学为主体的驾培发展模式）。一是驾校之间的竞争力取决于高管的大脑。驾校管理是关键，但管理思路、思想、方法、理念，不同的驾校都不同。二是智能化驾培是驾校高管大脑意志的体现。三是使用者与驾培的高度融合，才是最大价值。在产品卖出去之前，研发者聘用专家共同研发，仅

是所有驾校的共性部分。驾校高管的个性化思路,以及微观教学部分,还需要在使用中挖掘和发现。四是使用者的相关素养非常重要。一件精巧的工具,需要高等级人才使用才能发挥作用。

(二)职业经理人的未来发展方向

尽管我国驾校职业经理人制度还不成熟,但近几年驾校职业经理人的发展,也取得了一定的成就。这为我们未来发展驾校职业经理人制度奠定了基础。

1. 从自由生长向规范化、精细化、系统化管理发展

随着国家政策进一步的放开,"放管服"改革进一步下沉,驾培行业的底层逻辑正在悄然发生改变。野蛮生长和过度依赖政府的发展模式将彻底成为"过去时"。在"破"与"立"之间,市场主体自主而为的多元化驾培发展模式正在走来。尽管 2022 年前后驾培行业企业数量仍创新高,但毫无疑问驾培行业已经告别了高增长、高利润时期;在整体下行的同时,驾培行业将逐渐进入新一轮稳定发展周期。这种势头倒逼职业经理人由粗放式、野蛮式运营向规范化、精细化、系统化管理发展。

(1)规范化管理。①内部管理规范化。只有拥有一个规范化的内部管理体系,企业才能够进行更加高效的运作,才能施加分析手段、方法。②市场营销流程规范化。在招生日益艰难的情况下,需要我们有更加规范和更加职业化的营销方式和市场人员,如此才能够在市场中与同行去竞争。③教学流程规范化。只有教学流程规范,才可能进行复制、才可能去比较、才可能发现优势、才可能获得比较利润;也才可能降低培训成本,减弱对个体人员的依赖性,提升教学质量和统一驾校品牌形象。

(2)精细化管理。精细化管理是降本增效的必然动作,分为两个方面。一方面是人才精细化管理,指的是我们需要对驾校的管理人才以及基层员工,进行实时的盘点,确保每一个人用在对的地方,能力得到最大的发挥,物尽其用、人尽其才。另一方面是内部管理精细化,需要对企业财、物、事进行精细化的管理,向过程管理要利润。

(3)系统化管理。系统化是一个企业从粗放走向正规的必由之路。一个成熟优秀的驾培企业需要有自己的学员管理系统、会议管理系统、人才管理系统、预算管理系统、安全管理系统、机制管理系统等。过去驾校往往通过学习，就能"一招就灵"。现在不仅"一招不灵"，多招也不灵，这就是系统问题，需要从系统观点出发解决一切问题。

2. 从单一业务主导型向综合型发展

虽然驾驶培训业务是单一的，但基于驾培所能延伸的业务是多元的。驾驶培训是汽车驾驶人产业链延展的起点，驾培后市场有非常大的空间，如汽车陪驾、汽车保险、汽车交易、汽车保养、汽车俱乐部等。一系列围绕着汽车消费展开的业态，都是驾培行业未来可以去想象和涉及、可以去链接的周边业态。需要跳出驾培行业本身去看待驾培，从交通安全的角度看驾培，从行业的高度和周边行业需求的视角看驾培。审视驾培行业现在的主营业务，有助于去做更多的延伸和发展。从单一走向多元、走向综合、走向关联，驾校才会拥有行业竞争力。

职业经理人也是一样，只负责营销可以称为合格的职业经理人。但过度营销可能会影响驾校未来的发展。职业经理人必须从大局出发，综合看待营销问题。抓教学质量、合格率、教学队伍素质是驾校的头等大事，但不抓安全，照样会出乱子。从这个角度分析，在经营中，必须选择综合型发展的道路。

3. 从个体自由成长向行业培养发展

调查中发现，35.56%的驾校职业经理人是从教练员晋升而来的，且大多来自一个固定的驾校。不否认从基础岗位带来的主体业务特色，但同时这可能导致驾校职业经理人在成长的过程中缺乏对职业化属性（国家性、社会性属性）的认知。在驾校进一步发展的过程中，想要规模化、连锁化发展很困难，需要推动驾培行业提升服务质量；需要建立更多正规化、标准化的职业经理人培养平台。对于千亿元级体量的驾培行业来讲，目前的职业经理人培养平台和机构数量及质量依旧是不足的。在非量化调查中，许多职业经理人强烈提出建立职业经理人俱乐部等组织。只有实现人才培养的标准化、规范化、社会化，驾培这个行业才能快速地发展。

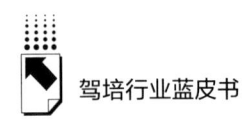

共情是指职业经理人与投资人之间相互理解，想对方之所想、予对方之所需。要求投资人提供利于职业经理人扎根、成长、实现自我价值的平台，要求职业经理人具备全面管理实现投资人所期待的各项指标的能力。当然，未来驾培行业的发展，将要求职业经理人与投资人，拥有一致的、更深远的行业发展的情怀。共愿是指将职业经理人的职业生涯发展目标与投资人对企业发展的规划相关联。因为拥有同样的愿景、梦想、目标，所以才能在纷繁复杂的日常运营管理中"彼此信任""双向监督""相互支持"，打磨出职业经理人与投资人的和谐共处模式。

只有职业经理人与投资人不忘"共情、共愿"的初心，职业经理人才能实现个人价值，驾校才能迎来可持续发展的"共生"局面。

四 尽快建立与驾培行业发展匹配的职业经理人制度

为促进驾培行业的发展，结合本次调查研究，对于尽快建立驾校职业经理人制度，特提出如下建议。

（一）发挥行业协会作用，建立驾校职业经理人议事机构

当前我国为激活市场、激发企业活力，提出"放管服"改革。其核心要旨在于"市场在资源配置中起决定作用"。驾培行业具有不同于其他行业的公益性特征，需要说服政府部门支持建立职业经理人制度。同时，基于市场主体责任机制，2007年《国务院办公厅关于加快推进行业协会商会改革和发展的若干意见》（国办发〔2007〕36号）出台，指出要发挥协会的纽带、桥梁作用，促进行业自律。因此，应充分利用协会平台，建立职业经理人议事机构。

（二）组织引领、开展立法

职业经理人制度，在驾培市场的变革时期，关系着我国驾培市场发展的

方向，必须在有关部门的正确领导下建设。提请国家立法和出台政策，建立健全驾培行业职业经理人制度。依法治国、依法经营。尤其是在市场经济进入深层次阶段后，必须匹配相应的法律法规和政策指引，才能开展相关工作。

（三）加强交流、开展研究、组织培训、提高职业化水平

成立政府或行业协会指导下的人才市场工作机构。定期依法开展职业经理人的招聘、培训、交流、考核、评估等活动。工作机构可以放在各地行业协会秘书处。组织有关人员开展职业经理人需求、知识能力结构、市场发展等研究项目，适应驾培市场的发展，满足新时代道路交通安全的发展需要。

本文作者为刘俊利、周永川。刘俊利，山东交通学院交通安全研究中心副主任，高级工程师；周永川，驾来也集团董事长，中国国际"互联网+"大学生创新创业大赛评审专家，云南财经大学创业导师。

B.11
新时期驾校教练员队伍的建设与管理

摘　要： 当前，新形势和新政策对驾校教练员队伍的建设与管理提出了新要求。2022年新修订的《机动车驾驶员培训管理规定》对教练员的任职资格、职业能力、工作要求等做了规定，这为驾校教练员队伍的建设和管理指明了方向。对于驾校而言，应通过广播广告、车载媒体、互联网等渠道招聘优秀教练员，并明确教练员选聘条件。之后，通过"师傅带徒弟""专业团队"等模式对教练员进行岗前培训，内容涉及思想观念、纪律作风、教学方法和工作技能。另外，对教练员团队的管理应实行层级管理方式，培养教练员的职业能力，并打造教练员团队的价值观，从而达到创新服务、创新教学、提升实力的目标。

关键词： 教练员　驾培　驾校

　　交通强国战略的实施和交通安全文明的传播，离不开教练员队伍的建设与管理。驾校是教练员管理的主体，打造高素质的教练员队伍是驾校的责任。

　　当前，新形势和新政策对驾校教练员队伍的建设与管理提出了新要求。驾校转型升级，离不开高素质的教练员；落实新"教学大纲"离不开高素质的教练员；应对激烈的市场竞争、创新教学与服务工作同样也离不开高素质的教练员。新时期，驾校打造教练员队伍，要根据新的形势和政策的要求进行创新。"选人、育人、用人、留人"等每一个环节都要精益求精。

一 新时期全国教练员基本概况

中国交通通信信息中心公布的监管平台数据表明：截至2023年2月28日，全国驾校数量为20416家，教练员105.06万人，教练车84.56万辆。

（一）教练员年龄情况

教练员年龄主要在46~52岁，其次是36~42岁，再者是30~36岁。（见图1）。

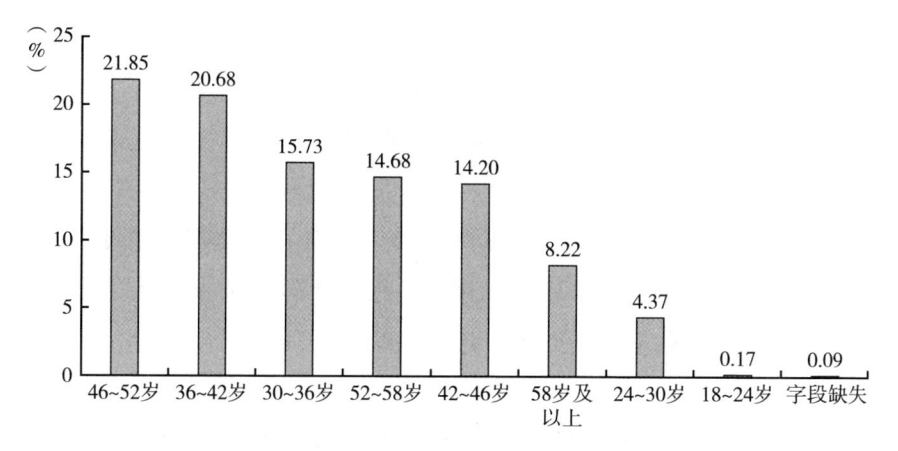

图1 全国教练员年龄分布情况

数据来源：中国交通通信信息中心。

（二）教练员学历情况

交通运输部职业资格中心公布的数据表明，接受调查的教练员中，初中及以下学历的占比为5.99%，高中、中专、职高学历的占比为70.61%，大专、高职学历的占比为20.21%，本科及以上学历的占比为3.19%（见图2）。由此看出，机动车驾驶培训教练员中3/4以上的学历在大专和高职以下。

从以上数据可知，全国教练员队伍整体呈现两个显著特点。一是"年

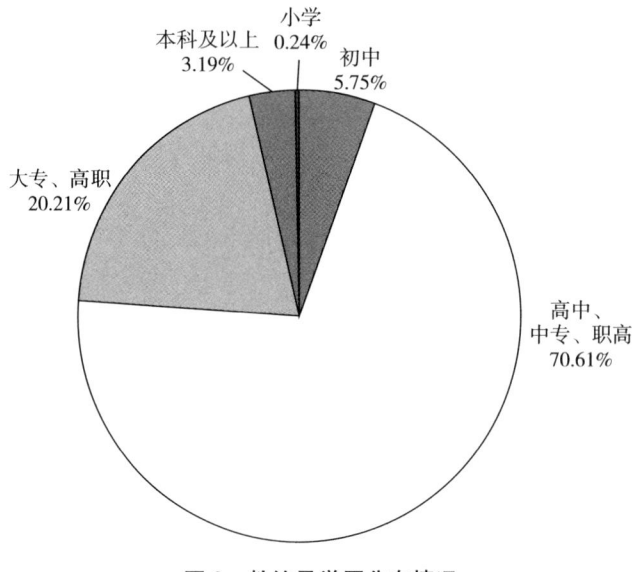

图2 教练员学历分布情况

龄偏大",46岁及以上的教练员占44.75%。二是"文化程度偏低",大专及以上学历的教练员只占23.4%。因此,根据新形势和新政策的要求,推动教练员队伍素质提升,是刻不容缓的重大工作。

二 新时期教练员管理依据的法律法规

在不同时期,国家对教练员任职资格和管理的要求发生了多次变化。标志性的改革为:教练员证被取消,改为教练员备案管理。

2006年1月12日,《机动车驾驶员培训管理规定》(交通部令2006年第2号)规定了教练员需持有《中华人民共和国机动车驾驶培训教练员证》。2016年发布的《国务院关于第二批取消152项中央指定地方实施行政审批事项的决定》(国发〔2016〕9号),取消了"机动车驾驶培训教练员证"。

2011年,人力资源和社会保障部、交通运输部开始共同制定国家职业技能标准《机动车驾驶教练员》。2020年7月10日,机动车驾驶培训教练员退出职业资格目录,"教练员职业资格证"不再发放。

2022年11月1日,新修订的《机动车驾驶员培训管理规定》(交通运输部令2022年第32号)开始实施。该规定对教练员的任职资格、职业能力、工作要求等内容做了新规定。现结合相关标准准则,列举教练员的任职条件和管理要求。

(1)教练员职业技能等级制度。机动车驾驶培训教练员实行职业技能等级制度。鼓励机动车驾驶员培训机构优先聘用取得职业技能等级证书的人员担任教练员。

(2)教练员任职条件。机动车驾驶员培训机构不得聘用最近连续3个记分周期内有交通违法记分满分记录或者发生交通死亡责任事故、组织或者参与考试舞弊、收受或者索取学员财物的人员担任教练员。

理论教练员:持有机动车驾驶证;具有汽车及相关专业中专以上学历或者汽车及相关专业中级以上技术职称;具有2年以上安全驾驶经历;熟练掌握道路交通安全法规、驾驶理论等安全驾驶与基本教学知识,具备编写教案、规范讲解的授课能力。

实操教练员:持有相应的机动车驾驶证;年龄不超过60周岁;具有一定的安全驾驶经历和相应车型驾驶经历;熟练掌握道路交通安全法规、驾驶理论、机动车构造等有关知识,具备驾驶要领讲解、驾驶动作示范、指导驾驶的教学能力;经过相应培训,可以从事残疾人专用小型自动挡载客汽车驾驶培训。

道路运输从业资格教练员:持有相应的机动车驾驶证;具有汽车及相关专业大专以上学历或者汽车及相关专业高级以上技术职称;具有2年以上安全驾驶经历;具有2年以上从事普通机动车驾驶员培训的教学经历,且近2年无不良的教学记录;从事应用能力教学的,还应当具有相应教学车型的驾驶经历。

(3)教练员培训。机动车驾驶员培训机构应当对教练员进行培训,并且对培训的内容和学时提出要求。

岗前培训:驾校应当对教练员进行道路交通安全法律法规、教学技能、

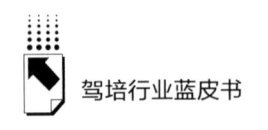

应急处置等相关内容的岗前培训。

再教育：驾校应加强对教练员职业道德教育和驾驶新知识、新技术的再教育，对教练员每年进行至少一周的培训，提高教练员的职业素质。

（4）教练员备案。机动车驾驶员培训机构应当建立教练员档案，并将教练员档案的主要信息按要求报送县级交通运输主管部门。县级交通运输主管部门应当建立教练员信息档案，并通过信息化手段对教练员信息档案进行动态管理。

三 新时期驾校教练员招聘途径和方法

调查表明，越是优秀的驾校，对教练员队伍的建设和管理抓得就越严格。在此以南昌白云驾校等优秀典型驾校为代表进行论述。这些优秀驾校招聘教练员的方法和经验，值得研究推广，也值得广大驾校学习和借鉴。

（一）教练员招聘渠道和方法

近年来，招聘教练员的难度越来越大，原因在于三个方面。一是行业对教练员的需求旺盛。二是经济的发展使得就业渠道不断增多。三是教练员职业的社会认同度还不够高。

新形势要求驾校采取新措施来满足招聘的需要。毫无疑问，应聘的人越多，驾校挑选人才的余地就越大，选拔出的优秀人员就越多。吸引更多的应聘者，根本方法就是广泛地发布招聘信息。信息发布的渠道越多，信息发布越广泛，获知招聘信息的人就越多，前来应聘的人数就有保障。以下教练员招聘信息发布渠道，是可借鉴的。

（1）广播广告。现在，收听广播的人不太多。但有一个收听群体不可忽视，那就是出租车司机。驾校教练员中有很多是从出租车司机转行的。另外，很多地方都有交通音乐台及时地播报路况信息，听众也有很多。应该抓住这个渠道发布一些招聘广告。

（2）车载媒体。出租车 LED 电子屏、公交车车载电视机等车载媒体，往往能够吸引大量人观看。

（3）互联网。通过抖音、微信、快手等互联网平台，以及智联招聘、前程无忧、58同城、赶集网等网站发布招聘信息。

案例1

南昌白云驾校为了控制人力成本，一直采用以付费平台为辅、以免费资源为主的方式招聘教练。付费平台如人才网、智联招聘、BOSS直聘、58同城等，选择比较合适的人才网、BOSS直聘等付费使用，两个平台上2022年合计约1000人投了简历供驾校人事部筛选。但最主要的还是驾校员工在朋友圈转发招聘海报的模式。白云驾校的五个校区在招聘教练时，都会制作不同的招聘海报，要求全集团转发宣传，朋友圈招聘教练的成功率在80%以上。

（4）物流中介。当地的物流城中，都设有配货中介机构，这些配货中介机构不但开展货物配送中介业务，而且会开展驾驶员中介业务。把招聘教练员的信息传递给它们，定会有所收获。

（5）退役军人事务局。驾校都欢迎从部队复退的军人，他们在部队中养成的行为作风非常有利于驾校的工作。应该与退役军人事务局建立联系，通过它们将招聘信息发布出去。

（6）新老学员。很多驾校积累了大量的学员资源，可通过这些老学员将招聘信息发布出去。一是有些老学员驾龄达到条件，可以来应聘教练员；二是老学员可以将招聘信息传递给其他人。

（7）驾校员工。发动驾校员工，利用他们的人脉，发布教练员招聘信息。为了激发员工的积极性，很多驾校设立了针对此工作的奖金。

（二）选聘教练员的条件

新时期，学员对教练员的要求越来越高，社会对教练员的要求越来越高。所以，除了要按《机动车驾驶员培训管理规定》的要求进行筛选以外，

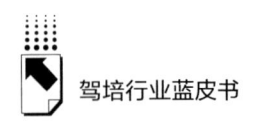

驾校还应考虑选拔适合自身经营管理思路的优秀教练员。

驾校为了满足新形势下的驾培行业发展要求，必须提升教练员的服务水平和招生水平。教练员只有具备良好的综合素质，才能应对新时期下新市场的新挑战。所以，驾校招聘教练员，亦可进行"人才储备"，遵循"优胜劣汰"的原则，有计划地对现有教练员队伍进行改造。为此，招聘教练员应考虑以下条件。

1. 审查应聘者的任职资格

《机动车驾驶人培训管理规定》的第十九条规定："机动车驾驶员培训机构……不得聘用最近连续3个记分周期内有交通违法记分满分记录或者发生交通死亡责任事故、组织或者参与考试舞弊、收受或者索取学员财物的人员担任教练员。"据此，驾校应对应聘者的各项条件进行查询和审核。

（1）查询驾驶证信息。查询应聘者的驾驶证状态是否正常，是否有违章未处理和重大责任事故记录。

（2）查询身份证信息。到公安机关查询应聘者是否有不良记录。

（3）查询从业经历。到运管部门查询应聘者的从业信息。对于应聘者是否有教练员工作经历、应聘者的教练员信誉考核情况、应聘者是否被拉入"教练员黑名单"，都应一一核实。

2. 考核应聘者的基本能力

驾校要对应聘者进行面试，对其从业动机、仪容仪貌、表达能力、情绪稳定与自信心程度等方面进行审查。还应该对应聘者的基本能力进行测试。

（1）文化水平测试。毕业证书应该审核，但也应对应聘者进行文化水平测试。通过计算机模拟试题，测试应聘者的安全文明驾驶常识。还可以进行书面测试，考核应聘者的汽车相关知识以及对教练员工作的认识等内容。

（2）驾驶操作技能测试。驾驶证上的驾龄，未必能反映应聘者的驾驶能力。有些应聘者，驾驶证显示驾龄较长但实际驾驶时间并不长，驾驶水平并不高。所以，驾校应考核应聘者的驾驶能力、安全意识等。

3. 了解应聘者的身体状况

教练员是一份"体力劳动"和"脑力劳动"相结合的工作。据调查，科目二教练员日均步行 2 万步左右，科目三教练员每天要在不足 3 平方米的车内坐 6 个小时。没有好的身体素质无法胜任此项工作。

驾校可组织应聘者进行体检，确定求职者的健康状况，主要进行色盲、血压、职业不允许的疾病等项目的筛查。同时，也应进行体能测试，淘汰身体素质差、体能水平过低的应聘者。

四　新时期教练员岗前培训

岗前培训，是打造教练员队伍的重要环节，是让新教练员成为"优秀"教练员的前提条件。《机动车驾驶员培训管理规定》的第二十一条规定："机动车驾驶员培训机构应当对教练员进行道路交通安全法律法规、教学技能、应急处置等相关内容的岗前培训"。所以，对新教练员进行岗前培训，让他们具备教练员应有的素质和能力是驾校的责任和义务。

（一）教练员岗前培训模式

1. "师傅带徒弟"培训模式

调查表明，大多数驾校的教练员岗前培训采取的是"师傅带徒弟"模式。新教练员由一名老教练带领，边学边实践，合格后上岗。

这种培训模式，需要选择优秀的教练员做"师傅"。倘若"师傅"不优秀，岗前培训的效果便会大打折扣。即使师傅（老教练）是一名优秀的教练员，但他不一定就是一名合格的"培训师"。一名优秀的师傅，需要具备培训新教练员的"责任心"和"培训能力"。这样的优秀师傅并不多见，有些师傅有较强的责任心，但是"有心无力"。根据调查，很多师傅对新教练员的教授，都局限在"教学技能"上，无法系统地对新教练员进行"服务意识""招生方法"等教练员必备技能的培训。因此，"师傅带徒弟"的培训模式，存在很多缺陷。

2. "专业团队"培训模式

很多优秀驾校，为了保证教练员培训质量，成立了专门的培训部门，组

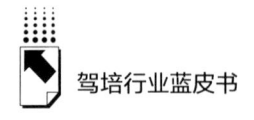

成了培训团队。能够对新教练员进行科学的、系统的、全面的培训。同时，培训团队还对老教练进行轮训，以同步提高全体教练员的教学水平，提高驾校的生产效率和学员合格率。从而进一步增加教练员的个人收入，加强教练员对驾校的向心力和团队凝聚力。

案例2

南昌白云驾校为了打造一支优秀的教练员团队，提高教练员的业务能力，专门成立了教学研究院。挑选资深的教务管理人员担任院长，从各校区挑选教学水平高、思想觉悟高、服务水平高、沟通表达能力强的教练作为教学研究院的成员，由院长统一安排统筹，定期召开教学研讨会，针对科目二、科目三的考试情况进行深入的分析，并对五个校区所有的教练员进行业务技能培训及轮训。

同时，实施了教学激励计划，如团队教学奖、个人教学奖、流动锦旗表彰等激励方式，采用多种方式激发教练员"比、学、赶、帮、超"的意愿，奖励先进，树立标杆，统一制定教学方案，不断研究和规范优化教学模式。为了达到更高的教学要求，也会组织教学研究院的部分成员到全国优秀的驾校进行游学取经，参加中国交通运输协会驾驶培训分会开设的培训课程等。

（二）教练员岗前培训的内容

一名优秀的教练员不仅要有过硬的教学能力，还要有良好的职业道德做指引，并具备与岗位相适应的服务意识、沟通方法、招生技巧。为了让新教练员满足这些要求，驾校就要对他们践行专业的岗前培训。培训可分为思想观念、纪律作风、教学方法、工作技能四个部分，采取封闭方式，效果最佳。

1.思想观念

教练员思想观念培训的主要内容是教练员的"职业道德"和"驾校文

化"。通过培训，使新教练员接受新思想、新观念，初步形成"诚信观念""服务观念""团队观念""遵章守纪观念"。

2. 纪律作风

纪律作风培训的主要内容是军训、拓展活动、驾校规章制度宣讲。通过培训，使新教练员养成好的行为习惯，形成服从意识。

3. 教学方法

教练员的教学能力不仅仅是教练员的个人能力，更关系驾校整体教学质量，是驾校软实力的体现。为了培养教练员的教学能力，可采取下列措施。

（1）学习专业知识。系统地学习《机动车驾驶培训教学与考试大纲》《机动车驾驶证申领和使用规定》《机动车驾驶员培训管理规定》《汽车结构常识》等理论知识。

（2）规范驾驶动作。教练员自己驾驶车辆的操作动作规范，才能保证学员的操作动作规范。而新教练员以往驾驶汽车可能有许多不规范的动作，如掏方向、窜方向、左脚长时间放离合器上等，须通过培训规范他们的操作动作。

（3）锻炼讲解示范能力。新教练员需要通过讲解教案锻炼讲解能力。根据实际工作需要，掌握驾校编制的"教学教案"。

4. 工作技能

教练员工作技能培训主要的内容有招生宣传方法、教练员与学员沟通规范、文明教学规范、教练车检查维护方法、安全教学与事故预防等。

五 新时期教练员队伍的管理

当前，新的形势使得驾校面临着巨大的压力和严峻的挑战。驾校应对激烈的市场竞争、创新教学与服务工作同样也离不开高素质的教练员。所以，管理的理念和思路要创新，措施和方法也要创新。

南昌白云驾校多年来一直注重教练员队伍建设和管理，管理教练员不仅

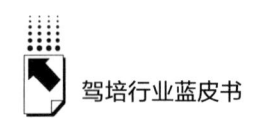

坚持原有的"严格规范"原则，而且根据新的形势和政策精神进行创新，走出了一条具有"白云"特色的教练员队伍建设和管理之路。

（一）教练员团队层级管理

通常情况下，驾校会聘用很多中层管理人员，如副校长、主任、总教练等。此外，还聘用一大批基层管理人员，如训练队长、骨干教练员等，其职能是配合和协助上级工作。他们与教练员一样，工作在教学一线，所以也可称他们为驾校的"一线主管"。他们对提升教练员管理水平、打造优秀的教练员队伍，发挥着不可替代的作用。

1. 基层管理者

白云驾校的教学实行的是"分科目培训法"。所以，教练员团队可分为"科目二团队"和"科目三团队"。每个团队，按15∶1的比例设立训练队长，最多不超过18∶1。

2. 中层管理人员

超过40人的教练员团队设立教务主任级别中层管理者一名，不设教务主任的，由教务副校长进行管理。

3. 基层管理者岗位设置及薪酬

（1）脱产式。脱产式训练队长，薪酬采用底薪+绩效的模式。可略低于驾校教练员的平均收入水平设置底薪，根据驾校对训练队长的工作要求设置绩效。

（2）非脱产式。在已经设立教务主任的团队中，训练队长可采用不脱产式管理模式，不脱产式训练队长的薪酬按正常教练员薪酬计算，另增加队长津贴。训练队长在管理团队过程中的表现和效果是他们在驾校管理层级中晋升的主要依据。

（二）教练员职业能力的培养

教练员的职业能力，关系学员满意度，关系驾校经营成败，也关系他们的自身收入。因此，全面培养教练员的职业能力是驾校的责任。

1. 教学能力的培养

新教练员在入职后，就要锻炼最基本的教学能力。而教学经验和教学水平则需要通过教学实践积累和提升。一个教练员的教学能力发展轨迹，大致可以分为三个阶段。

第一阶段，教学起步期。这个阶段是教练员接受"岗前培训"和"试用"阶段。这个阶段对教练员的教学管理要求是"固化"，此时可以允许他们手拿教案对学员进行教学。第二阶段，教学成长期。这个阶段对教练员的教学管理要求为"强化"，此时要求教练员教学的熟练程度不断提高。第三阶段，教学成熟期。管理要求为"优化"，要求教练员能够在熟练掌握运用标准化教学的基础上融入"教学艺术"。

案例 3

内江市双安机动车驾驶员培训学校坚持定期开展教练员理论讲解和实操演练大比武活动，随机抽取科目，人人参与，让教练员掌握扎实的讲解、示范技能。2013~2017 年，双安驾校与四川省交通职业技术学院联合举办两届"教练员大专班"，先后推荐 62 名老师参加学习并取得大专学历，使得双安驾校大专以上文凭职工达到 95 人，占比在 60% 以上。在历届内江教练员技能大赛中，双安驾校均蝉联团体和个人单项第一名；2016 年，代表内江参加中国·四川教练员技能大赛，囊括大车、小车双冠军。2020 年，央视发现之旅频道的时代影像·匠心系列，播出双安驾校纪录片《一路平安》。

在上述三个阶段，驾校要分别对教练员进行培训、监督和考核。尤其要注意对老教练员的管理，改变他们非常难。因为他们都有自己的教学方法，而且教学理念已经根深蒂固，不容易接受驾校的统一教学标准。此外，如果他们的教学和整个驾校格格不入，就会影响到其他教练员，从整体上影响驾校的标准化教学管理。因此，对他们的管理必须下功夫。

2. 服务能力的培养

驾校服务水平，主要反映在教练员的服务能力上。所以，驾校应对教练

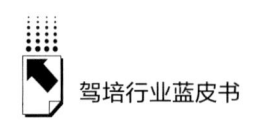

员进行服务能力的培训，要让教练员知道为什么要服务、怎么去服务，并监督教练员的服务行为，进而提升教练员的服务水平和能力。

（1）让教练员明白为什么要服务。通过大会表扬、物质奖励、薪资等级划分（如根据学员评价评定教练员级别并发放薪资等）激发教练员的服务欲望，让他们明白学员是驾校的资源，是根基，是命脉，是口碑，是核心竞争力，也是他们的职业获得感和经济来源。

（2）让教练员知道怎么去服务。驾校要制定服务要求及标准，召开专题会议对教练员的服务内容进行理论培训与讲解，模拟典型的服务案例，深入因服务不好引起的典型投诉案例，清楚地告诉教练员，在教学过程中，哪些服务行为是能提升学员体验感的。

案例4

泸州市新时代驾驶培训有限公司充分利用技能练兵、安全例会、党支部学习活动，对从业人员进行职业道德素质、优质服务、教学培训、团队意识培训。党员任组长，分组学习讨论。围绕"六心"——关心、爱心、用心、耐心、细心、信心服务，进行针对性的培训讲解，树立良好的优质服务理念，想学员所想，视学员为衣食父母，真正把优质服务技能培训会上讲到的内容贯穿到日常生活和训练中，赢得了学员的认可和赞同。

（3）监督教练员的服务行为。教练员的服务必须具备主观能动性，但每个人都是有惰性的，需要驾校制定相关的管理制度，约束和督促教练员的服务行为，确保教练员的服务水平和驾校的服务理念保持一致。同时，还需要设置监督部门，对教练员的日常行为以及服务结果进行检查，让教练员在监督下养成主动服务的良好习惯。

3.营销能力的培养

新时期的教练员必须具备营销能力。除要求教练员做好服务工作以外，还应对教练员的销售话语话术、自我展现能力、地推能力和自媒体营销能力进行培养。

（1）营销话语话术培养。在陌生的环境中面对陌生的人群，一旦缺乏沟通能力，没有具有说服力的话语话术，就很难将自己推销出去，更别说驾校的服务和优势。所以，驾校要定期组织教练员开展营销情景模拟对话练习，让教练员从情景模拟中熟练掌握营销的话语话术。

（2）自我展现能力培养。教练员的自我展现对于招生来说非常重要。尤其是对于新教练员，教过的学员还很少，向外界展现好"教练员身份"，有助于新教练员挖出"第一桶金"。展现的方法有更换微信头像、群发信息、运营短视频账号等，还可以通过尚在培训学员的朋友圈、拍摄学员练车画面等方式。驾校应对教练员更换微信头像进行要求和帮助，对转发朋友圈的次数和内容进行辅导，确保宣传效果。

案例 5

在直播、短视频行业的火爆现状下，深圳鹏城驾校与时俱进，积极顺应潮流，开展新型营销模式。

2022 年以来，鹏城驾校自行组织教职员工开展直播活动，已经成功在"鹏城驾校"微信视频号上累计直播 100 余个小时，内容包括讲解驾考理论题、练车日常、节庆营销等。单场最高观看人数为 1.7 万人，单场最高成交数量 1200 单。相比传统的线下推广营销，直播的覆盖面更广，用户接受程度高，能够有效锁定意向学员，提高转化率，有利于积累用户口碑。

（3）地推能力培养。教练员地推能力的培养也是一项重要的工作。驾校要指导教练员熟悉驾校周边的市场环境，清楚了解到驾校周边的社区、学校、商场、企业和竞争对手。与此同时，要锻炼教练员的意志力，指导教练员开展适当的扫楼和摆点等营销工作，使之克服心理障碍，充分利用职业优势，通过地推活动拓展招生渠道，转化生源。

（4）自媒体营销能力培养。自媒体营销能力是新时期对教练员提出的新的要求。驾校应对教练员进行自媒体方面的培训，要求教练员基本掌握自媒体规则，熟练使用自媒体方法进行宣传和展现。驾校应对教练员自媒体的

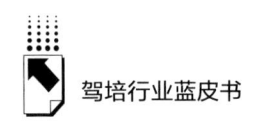

内容进行辅导，提出要求，列入考核，以通过团队形成驾校宣传的网上营销矩阵。

案例 6

为了提高教练员团队的自媒体运营能力，南昌白云驾校各校区都将自媒体运营工作纳入了日常工作计划及考核范围，要求员工积极主动地去学习自媒体宣传和营销，同时不定期开展自媒体营销培训会，帮助员工快速地掌握基础的自媒体运营技巧。

为了提高和增强员工的线上营销水平和谈单技巧，南昌白云驾校成立了营销委员会，并由营销委员组织编撰了《线上营销手册》，手册的内容包含线上拓客宣传、线上谈单转化等经典案例，深度分析阐述了线上营销的招生话术和技巧。对此，许多员工都表示受益匪浅。

（三）教练员团队的价值观打造

教练员的社会经历不同，受到的价值观念影响也不同，对工作的认识和态度也就不同。而驾校文化对教练员日积月累地渗透和熏陶，就是为了潜移默化地影响教练员，让他们对工作、对驾校、对学员的认知和驾校的价值观保持一致。只有如此，教练员的工作行为才是优秀的。打造教练员团队的价值观，必须从企业文化的影响和传播开始。

1. 提高教练员团队在企业文化形成过程中的参与度

驾校价值观是驾校文化在实践过程中体现出来的。同时，只有当驾校内绝大部分教练员的个人价值观趋同时，整个驾校的价值观才可能有效形成。

案例 7

南昌白云驾校一直坚持"让每一位学员平安出行"的教学宗旨，不断地在教练员团队中宣贯"价值赋能"的理念，让每一位教练员都深刻明白一个道理：在教会学员驾驶技能的基础上，从源头把好安全文明交通的关卡，才是驾校和教练存在的根本价值。因此，南昌白云驾校不惜耗费资金，坚持开展交通安全万里行系列公益活动进社区、进校园、进商场，每场活动都有驾校的教练员团队参与，他们亲自编排节目向社会各界倡导安全文明出行的理念。日积月累下，南昌白云驾校的教练员更加明白了"培养一生无事故的好司机"的重要性，在教学过程中，逐渐形成了以教授合格的驾驶技能为基础、以灌输安全文明驾驶理念为主的教学模式，这样的教学模式让学员充分感受到了驾校的企业责任感和教练员良好的职业道德。不论是驾校还是教练，都得到了众多学员和社会各界人士的高度好评。

案例 8

宜兴阳羡驾培有限公司占地面积 3 万平方米，现拥有教练车 50 辆、操作教练员 60 人、理论教练员 3 人、管理人员 13 人，专业培训 C1、C2、C6、D、E、F 驾照类型的驾驶人。2016 年 5 月，为加强企业文化建设，培养和塑造广大员工的集体荣誉感和使命感，不断增强企业向心力和凝聚力，激发全体员工的工作积极性，贯彻驾校的核心价值观，宜兴阳羡驾培有限公司特成立"职工楷模迎峰工作室"，致力于驾培事业的发展，更好地服务学员，彰显驾校的品牌价值。

"职工楷模迎峰工作室"公开向学员、向社会郑重承诺：不吃学员一顿饭，不收一份礼，不加一升油。七年来，该工作室从最初的 6 人，发展到现在的 38 人（其间也有进来后淘汰的），拒收烟、酒、红包近千万元。已经建成一支战斗力强的核心团队，实现学员零投诉目标，并且整体经营业绩稳定。职工楷模迎峰工作室，是宜兴阳羡驾培有限公司价值观实践的模范，带动了全体员工的正能量，是全体员工的精神力量和榜样。

2. 增强教练员团队对职业的认同感

教练员的职业认同感可以影响他们的忠诚度、积极性、成就感和事业心。不同教练员，对教练员这个职业的性质、内容、社会价值和个人意义的认知会有所不同，认知不同就会导致教练员的行为准则和价值观不同。所以，增强教练员团队对职业的认同感，是让教练员团队努力做好本职工作，

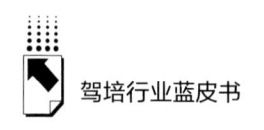

达成企业目标的心理基础。

案例 9

南昌白云驾校每年都会在教师节来临之际，以"教车育人，师德流芳"为主题举办教师节主题活动。活动中领导的认可与祝福，是教练员的不竭动力；学员的赞美和感谢，是教练员的无上荣光；家属的理解与支持，是教练员的坚强后盾。每次活动的现场都十分温馨感动。这样的活动可以让教练员感受到企业的关怀，从而拥有满满的获得感和成就感。这一切会增强教练员对企业的归属感，增强教练员团队的凝聚力，增强教练员的职业认知：机动车驾驶员教练是一份神圣伟大的职业，肩负着培养一生无事故好司机的责任与使命，是学员安全路上的启蒙老师。所以，在南昌白云驾校，教练员不叫"教练员"，他们叫"教学老师"。

3. 采用不同方式在教练员团队中宣传企业价值观

通过各种方式在教练员团队中宣传驾校价值观，有利于教练员团队价值观的打造。首先，将驾校价值观以标语的形式，在办公区、PPT 模板、网站、音视频等一切教练员看得到、听得到的地方进行宣传，时时刻刻提醒教练员。然后，在全方位耳濡目染的情况下，以培训的形式对驾校价值观进行宣传，增强员工对驾校价值观的认知与了解。最后，以会议、座谈等交流方式，挑选教练员分享自己对驾校价值观的认识，引起团队其他员工对驾校价值观的共鸣。

案例 10

在南昌白云驾校五大校区的报名大厅前台，都能看到以"让每一位学员都感动"为内容的背景墙；每个校区都设置有交通安全教育基地和悬挂着"培养一生无事故的好司机"等标语，这些都是南昌白云驾校企业价值观的具体表现形式。

4. 完善管理制度，为打造教练员团队价值观保驾护航

企业价值观通过企业文化的渗透和实践，需要具有强制约束力的手段作为保障。这时候就需要拥有健全标准的工作流程、完善的管理制度和良好的考核机制。宜将驾校价值观与教练员工作相结合，制定评价指标，定期进行考核，并给予奖惩，以行政、经济手段促进驾校价值观的宣传和实践。

案例 11

无规矩不成方圆，有敬畏才知行止。南昌白云驾校建校 18 年以来，制度从无到有，从有到随时修订。截至 2023 年，《白云驾校管理制度》从最初的寥寥数百字，已经更新到近 4 万字。正是因为有了随着驾校发展而修订的管理制度，教练员团队的管理才有章可依，有据可凭。教练员通过对管理制度的学习，可以明白哪些是可以做的，哪些是不可以做的，而这可以促进驾校价值观的形成和固化。

六　结束语

教练强，则驾校强。驾校教练员队伍建设与管理是驾校的核心工作，事关驾校的生存和发展，理应慎之又慎、常抓不懈、持之以恒。让优秀的教练员进得来、干得好、留得下，成为每个驾校经营管理者的重大任务。

新形势下，学员对教练员的要求越来越高，社会对教练员的要求也越来越高。因此，驾校对教练员的管理要顺应形势变化，积极探索、大胆创新，按照新政策的要求对教练员进行管理。如此才能不断提升教练员队伍素质，进而达到创新服务、创新教学、提升实力的目标。

本文作者为冯晓乐、陈燕、邬伟。冯晓乐，中国交通运输协会驾驶培训分会专家委员会执行主任；陈燕，中国交通运输协会驾驶培训分会副会长，江西南昌白云驾校校长；邬伟，江西南昌白云驾校副校长。

后　记

2022年，注定是不平凡的一年；2022年，也是努力奋斗的一年。面对突如其来的变化，无论哪个行业、哪个领域，都在积极调整并拥抱变化。而在前所未有的挑战面前，驾培行业在积极转型升级，来更好地适应变革下的市场。

那么，智慧驾校如何借助智能化培训设备进行数字化转型？高考生市场的营销策略怎样？国外驾驶培训考试管理带来哪些启示？新时期驾校教练员队伍又该如何建设与管理呢？每一个问题，都与行业的各个从业者密不可分。

很荣幸，在这样的特殊时期，木仓科技能够与中国交通运输协会再度牵手，共同完成《中国驾培行业发展报告（2023）》的编撰工作，共绘智慧驾培时代的美好蓝图。

在《中国驾培行业发展报告（2023）》中，我们针对驾培行业发展进行了专业详尽的调研，为驾培机构的转型升级、可持续发展提出了可行性建议；分析了驾培市场的变动，也对2023年市场发展趋势做了预测；就智慧驾培模式对驾校和行业的促进情况，分享了有价值的案例。

在大多不了解驾培行业发展的人看来，"考驾照"还停留在浅显的"应试模式"；但对于倾情投入精力于行业高质量发展的驾培人来说，这本小小的驾照背后有着巨大的责任和使命。驾培，入门门槛不高、可参考的成功经验不少，但要想把它做得有意义、有价值，并非易事。

做好驾培工作，不仅要拓展发展宽度，而且要深耕细节，特别是在面对市场个性化、多样化、差异化的需求时更应如此。随着智能网联汽车、自动驾驶技术的普及和应用，驾校和教练员将如何面对这一行业智慧化变革？在移动互联网高度发达的今天，线上学习与线下教学如何相辅相成？增强学员安全文明驾驶素质与提高考试合格率两者之间如何实现平衡？如何更好地满

后记

足年轻化学员的学车需求？等等，这些都是木仓科技正在思考探索并不断投入资源的方向。

凭借旗舰产品"驾考宝典"的优质内容和创新服务，木仓科技不仅在用户群体中积攒了良好的口碑，而且屡受媒体关注，收获不少赞誉。近年来，公司积极落实"交通强国""数字中国"等政策要求，顺应数字经济浪潮，大力投入智慧驾培模式的探索创新之中。2021年，我们将5G、数字孪生、AI、大数据等新技术与驾培行业高度结合，打造了为驾校降本提质、为学员提升学习效率的智能硬件产品——驾驶培训模拟器阿尔法幻影和AI教练阿尔法银河；同时围绕驾校的信息化管理需求，推出了"驾校智慧管理PaaS系统"，为驾校提供一站式管理服务，帮助驾校从较为粗放的管理模式向精细化、数字化、智能化方向迈进。2022年，公司持续投入研发以提升产品性能与用户体验，推出"智慧驾校2.0概念"，围绕驾校招生、教学、培训等核心管理场景，打通多个智能硬件系统，实现多端联动，真正帮助驾校解决数据杂、管理难等痛点，让驾校运营管理更清晰、更高效、更省心。

过去的一年，驾培行业面对挑战走出了创新发展的新道路，木仓科技也积极推进智慧驾校在多地成功落成，抓住机遇取得了不错的成绩。我们预测，2023年驾培市场需求将迎来一定回升，无论是行业协会、驾培机构、一线教练员，还是诸如木仓科技这样的行业服务者，都应做好充分的准备，在行业政策的指引下快速做出调整，不断创新、升级服务，迎接驾培行业的下一个春天。

木仓科技智慧驾培和道路交通安全研究院

2023年4月18日

社会科学文献出版社

皮 书

智库成果出版与传播平台

❖ 皮书定义 ❖

皮书是对中国与世界发展状况和热点问题进行年度监测,以专业的角度、专家的视野和实证研究方法,针对某一领域或区域现状与发展态势展开分析和预测,具备前沿性、原创性、实证性、连续性、时效性等特点的公开出版物,由一系列权威研究报告组成。

❖ 皮书作者 ❖

皮书系列报告作者以国内外一流研究机构、知名高校等重点智库的研究人员为主,多为相关领域一流专家学者,他们的观点代表了当下学界对中国与世界的现实和未来最高水平的解读与分析。截至2022年底,皮书研创机构逾千家,报告作者累计超过10万人。

❖ 皮书荣誉 ❖

皮书作为中国社会科学院基础理论研究与应用对策研究融合发展的代表性成果,不仅是哲学社会科学工作者服务中国特色社会主义现代化建设的重要成果,更是助力中国特色新型智库建设、构建中国特色哲学社会科学"三大体系"的重要平台。皮书系列先后被列入"十二五""十三五"" 十四五"时期国家重点出版物出版专项规划项目;2013~2023年,重点皮书列入中国社会科学院国家哲学社会科学创新工程项目。

权威报告·连续出版·独家资源

皮书数据库
ANNUAL REPORT(YEARBOOK) DATABASE

分析解读当下中国发展变迁的高端智库平台

所获荣誉

- 2020年，入选全国新闻出版深度融合发展创新案例
- 2019年，入选国家新闻出版署数字出版精品遴选推荐计划
- 2016年，入选"十三五"国家重点电子出版物出版规划骨干工程
- 2013年，荣获"中国出版政府奖·网络出版物奖"提名奖
- 连续多年荣获中国数字出版博览会"数字出版·优秀品牌"奖

皮书数据库　"社科数托邦"微信公众号

成为用户

登录网址www.pishu.com.cn访问皮书数据库网站或下载皮书数据库APP，通过手机号码验证或邮箱验证即可成为皮书数据库用户。

用户福利

- 已注册用户购书后可免费获赠100元皮书数据库充值卡。刮开充值卡涂层获取充值密码，登录并进入"会员中心"—"在线充值"—"充值卡充值"，充值成功即可购买和查看数据库内容。
- 用户福利最终解释权归社会科学文献出版社所有。

数据库服务热线：400-008-6695
数据库服务QQ：2475522410
数据库服务邮箱：database@ssap.cn
图书销售热线：010-59367070/7028
图书服务QQ：1265056568
图书服务邮箱：duzhe@ssap.cn

社会科学文献出版社 皮书系列
卡号：377217366383
密码：

S 基本子库
UB DATABASE

中国社会发展数据库（下设12个专题子库）

紧扣人口、政治、外交、法律、教育、医疗卫生、资源环境等12个社会发展领域的前沿和热点，全面整合专业著作、智库报告、学术资讯、调研数据等类型资源，帮助用户追踪中国社会发展动态、研究社会发展战略与政策、了解社会热点问题、分析社会发展趋势。

中国经济发展数据库（下设12专题子库）

内容涵盖宏观经济、产业经济、工业经济、农业经济、财政金融、房地产经济、城市经济、商业贸易等12个重点经济领域，为把握经济运行态势、洞察经济发展规律、研判经济发展趋势、进行经济调控决策提供参考和依据。

中国行业发展数据库（下设17个专题子库）

以中国国民经济行业分类为依据，覆盖金融业、旅游业、交通运输业、能源矿产业、制造业等100多个行业，跟踪分析国民经济相关行业市场运行状况和政策导向，汇集行业发展前沿资讯，为投资、从业及各种经济决策提供理论支撑和实践指导。

中国区域发展数据库（下设4个专题子库）

对中国特定区域内的经济、社会、文化等领域现状与发展情况进行深度分析和预测，涉及省级行政区、城市群、城市、农村等不同维度，研究层级至县及县以下行政区，为学者研究地方经济社会宏观态势、经验模式、发展案例提供支撑，为地方政府决策提供参考。

中国文化传媒数据库（下设18个专题子库）

内容覆盖文化产业、新闻传播、电影娱乐、文学艺术、群众文化、图书情报等18个重点研究领域，聚焦文化传媒领域发展前沿、热点话题、行业实践，服务用户的教学科研、文化投资、企业规划等需要。

世界经济与国际关系数据库（下设6个专题子库）

整合世界经济、国际政治、世界文化与科技、全球性问题、国际组织与国际法、区域研究6大领域研究成果，对世界经济形势、国际形势进行连续性深度分析，对年度热点问题进行专题解读，为研判全球发展趋势提供事实和数据支持。

法律声明

"皮书系列"(含蓝皮书、绿皮书、黄皮书)之品牌由社会科学文献出版社最早使用并持续至今,现已被中国图书行业所熟知。"皮书系列"的相关商标已在国家商标管理部门商标局注册,包括但不限于LOGO( )、皮书、Pishu、经济蓝皮书、社会蓝皮书等。"皮书系列"图书的注册商标专用权及封面设计、版式设计的著作权均为社会科学文献出版社所有。未经社会科学文献出版社书面授权许可,任何使用与"皮书系列"图书注册商标、封面设计、版式设计相同或者近似的文字、图形或其组合的行为均系侵权行为。

经作者授权,本书的专有出版权及信息网络传播权等为社会科学文献出版社享有。未经社会科学文献出版社书面授权许可,任何就本书内容的复制、发行或以数字形式进行网络传播的行为均系侵权行为。

社会科学文献出版社将通过法律途径追究上述侵权行为的法律责任,维护自身合法权益。

欢迎社会各界人士对侵犯社会科学文献出版社上述权利的侵权行为进行举报。电话:010-59367121,电子邮箱:fawubu@ssap.cn。

社会科学文献出版社